U0635666

吴毅

李桢窈

李晚欣

李佳琦

感 谢 我 的 团 队 成 员
对 本 书 做 出 的 贡 献

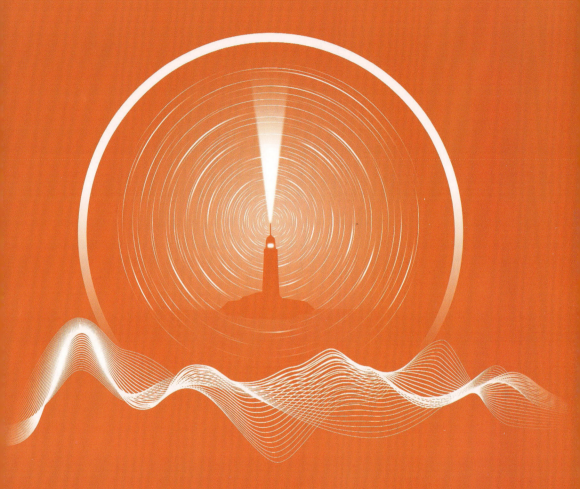

献 给 正 在 奋 斗 的 企 业 家 !

献 给 努 力 前 行 的 创 业 者 !

圈层商业1

找到企业未来的出路

Circling-Layering Commerce

刘逸春◎著

新华出版社

图书在版编目（CIP）数据

圈层商业.1，找到企业未来的出路 / 刘逸春著. --北京 ： 新华出版社,2016.6

ISBN 978-7-5166-2665-8

Ⅰ.①圈… Ⅱ.①刘… Ⅲ.①贸易经济－研究－中国 Ⅳ.①F72

中国版本图书馆 CIP 数据核字（2016）第 159159 号

圈层商业.1，找到企业未来的出路

作　　者：刘逸春

责任编辑：徐　光　　　　　　　　　　　封面设计：闰江文化

出版发行：新华出版社
地　　址：北京市石景山区京原路 8 号　　　邮　　编：100040
网　　址：http://www.xinhuapub.com　　http://press.xinhuanet.com
经　　销：新华书店
购书热线：010-63077122　　　　　　　中国新闻书店购书热线：010-6307201

照　　排：北京正尔图文设计有限公司
印　　刷：北京旭丰源印刷技术有限公司
成品尺寸：170mm×240mm
印　　张：15　　　　　　　　　　　　　字　　数：243 千字
版　　次：2016 年 7 月第一版　　　　　印　　次：2016 年 7 月第一次印刷

书　　号：ISBN 978-7-5166-2665-8
定　　价：59.00 元

版权专有，侵权必究。如有质量问题，请于印厂联系调换：印厂电话 010-8027798

目录

第一章

圈层商业时代到来/1

"2015年,大企业危机年",这是国内知名财经作家吴晓波的论断。一大批知名大型企业纷纷遭遇危机,然而许多小而美的商业形态正绽放出勃勃生机。

一、引言 / 2

1. 知名大型企业遭遇危机

2. 新商业形态公司生机勃勃

二、用户需求的变迁 / 8

1. USP——给消费者一个选择你的理由

【案例】

悦诗风吟与宝洁

火爆的"罗辑思维"与"吴晓波频道"

第二章

圈层是互联化的必然结果 /35

互联网的飞速发展带来了信息的爆炸,信息多元了透明了,但是一个新的"文盲时代"却到来了。因为你的选择已经把自己"困"在了一个圈子中,在圈外,你是一个不折不扣的"文盲"。

【案例】

BAT 的"恐惧"

新浪与今日头条

IP 的大热

第三章

个人圈层化到商业圈层化 /65

圈层商业下，个人不再仅仅是产品的使用者，企业的消费者，他们的参与意识达到了空前的高度，并形成一个个自发而成的群体，同时个人拥有了前所未有的力量，可以走向全球，与地球上其他的个人进行竞争。结果就是，每个人现在都会问：在当今全球竞争机会中我究竟处在什么位置？我可以如何与他人进行全球合作？

一、我们正从一个个人消费型社会奔向一个群体协作型社会 / 66

1. 公司形态组织的衰落，个人的崛起

【案例】

为"狂热粉丝"服务的售票平台 Score Big

只做"酷生意"的 T 恤公司 threadless

与"米粉"发烧友共同打造的"小米手机"

差评不断的 Beats 耳机"愈挫愈勇"

靠做"穷人生意"打败沃尔玛的德国零售商阿尔迪超市（Aldi）

第四章

看透圈层商业 /107

圈层使社会中的人们,有了一种新的划分方式,这种划分不再仅仅是依靠人们的年龄、职业、经济基础、地理位置、身份地位等等,而是按照人们在精神层面的追求,作为划分标准。就算是不同年龄、不同职业,不同经济水平,不同地区,甚至生活方式上有很大差异的人,只要在精神层面有一个共通点,就有了形成圈层的基础,这为商业化带来巨大的机会。

第五章
圈层商业的强大 /147

圈层商业是一个崭新的"生命体",它拥有无限的可能、蓬勃的"生命力"以及传统商业无可比拟的优越性。它正在快速成长,等待向日渐"衰退"的传统商业发起"致命的一击"。

2. 让人上瘾的消费体验

3. 极高的品牌忠诚度

1. 企业生命周期理论

2. 企业生命周期的主要特点

3. 影响企业生命周期的因素

4. 圈层商业可以实现无限生命周期

【案例】

"Lululemon 的"逆袭"

outdoor voices 与耐克

日本时尚杂志《CanCam》、《AneCan》

圈层商业是将圈层进行商业化的过程,在本章中我们列出了圈层商业的两类操作模式——"转型者"和"革新者"的做法。它们都完成了圈层价值观的渗透,成功实践了圈层商业。

1. 传统商业转型者:产品——价值观

2. 革新者:价值观——产品

1. 运行原则

【案例】

《精益创业》CloudFire

网红名人"papi 酱"与 Justin Bieber

具有反抗精神的眼镜品牌 Warby Parker

Instagram 与 Outdoor Voices

"深海 800 米"圈层商业实践

前言一

独角兽还是异类

独角兽，在神话中，形似白马，额前长螺旋状独角，有着非常强劲的奔跑和前进的力量。独角兽代表高贵、高傲和纯洁。在现实中，资本圈里的"独角兽"专指那些估值非常高的创业公司。

在移动互联网大潮的影响下，全世界出现了一大批独角兽公司。尤其在中国，李克强总理发起了"大众创业，万众创新"的号召，鼓励大家创业，创业者如千军万马般地涌到各个领域，各个行业迅速崛起了一批创业公司，有些还未上市，估值就高达几亿美元，甚至几十亿美元。

以下的公司，你或许听过，或许没听过，但他们正在创造着商业奇迹：

2015 年 8 月 6 日，合一集团（即优酷土豆集团）正式宣布，已投资视频弹幕网站 Acfun（或许你更熟悉的名字是 A 站）。据了解，此次投资金额为

5000 万美元，Acfun 总估值已达到 5 亿美元。另一个同样也做视频弹幕网站 Bilibili（或许你更熟悉的名字是 B 站），估值已经达 7.2 亿美金。

什么？大名鼎鼎的搜狐视频估值也才 10 亿美元左右；每月拥有 2.2 亿用户的迅雷看看，2015 年 4 月份的卖价仅仅只有 1.3 亿元人民币！

如果你是"70 后"、"60 后"，你看了值 7.2 亿美元的 B 站播放窗口，你一定会说投资人都疯了，这个视频网站简直就是一群异类在不停地用字幕说着听不懂的话。你说对了一半，他们不是"异类"，是"异次元"。

2015 年 10 月 20 日，"罗辑思维"对外宣布完成 B 轮融资，估值 13.2 亿人民币。罗辑思维是 2012 年 12 月 21 日由罗振宇与独立新媒创始人申音合作打造的知识型视频脱口秀。2014 年 5 月份，罗振宇确认和申音分家，独立运营罗辑思维。在 3 年多的时间，罗辑思维成为了最大的知识型大 IP。2015 年 12 月 31 日举办的《时间的朋友》跨年演讲，罗振宇作为主讲人，同时邀请了柳传志等大咖作为听众，滴滴出行创始人程维作为演讲嘉宾。跨年演讲有 4000 多人现场听讲，演讲门票收入数千万元，优酷、腾讯等直播网站有数百万人在线收看，同有国内的无数咖啡厅，社群在线下举办听讲会，实现了"自由人的自由连接"，跨年演讲完毕后，朋友圈被《时间的朋友》演讲的相关文章刷爆。罗振宇"一个人"的演讲会竟然超越明星的演讲会，有如此强大的号召力。

在传统快消品领域，一款冷泡茶饮品"小茗同学"异军突起，2015 年 3 月至 7 月间的销售额就超过了 5 亿元，取得了不俗的成绩。国内茶饮料及果汁产品同质化程度高，然而小茗同学不走寻常路，除了口味上做冷泡茶，以"小茗同学"的形象和趣味，与年轻的消费者形成了强烈共鸣。这款饮品可能是除了儿童饮品外，唯一一款有年龄的饮品，可能很多人不知道，但是在他的受众当中却是十分追捧。

裂帛，2015 年"双十一"当天成交 9822 万，位居女装品类第七，超过众多耳熟能详的大牌。他们的核心顾客群：身体是小资产阶级，心灵是流浪吉普赛的都市 BOBO 族。

国外市场，Blue Apron 是一家美国的创业公司，3 年时间将市值做到了20 亿美元。他做的生意就是为一群不经常做饭或烹饪新手，提供精确的半成品食材和菜谱。

……

在 2015 年，几乎每月都上演着一些看不懂的商业模式，看不懂的巨额融资。十年前，马云和孙正义 6 分钟搞定 2000 多万美元，被人津津乐道，从雅虎融资 10 亿美元已经被视为中国融资的神话，而今天，几十亿美元的融资已成为家常便饭，马云曾经的"辉煌"战绩，再也不被人提起。长江后浪推前浪，后起之秀们为什么如此有魅力？如此能吸引投资人？再去看看曾经的实业巨头，产业巨擎联想、美的、TCL、长虹等企业的市值和股票却惨不忍睹！有非常多的商业人士直呼看不懂，对未来的发展产生了迷茫和慌乱。

当我们放下偏见，抛弃迷茫与慌乱来审视这些公司的时候，你会发现这些"独角兽"公司存在着以下几个共性：首先，在有些人眼中，这些公司都不是什么好货色，甚至听都没听过，能有什么市场？只是造一个概念，融钱烧钱的"骗子"公司，没什么大未来。其次，在有些人眼中，觉得他们非常厉害，找准了一个小切口，有着自己精确边界，独特的核心人群。还有，在有些人眼中，这些公司都在制造着各种各样的小众流行文化……

事实上，无论你是看得懂，还是看不懂，你千万不能忘记：今天的淘宝、腾讯、小米等，当年都是像异类一样存在于主流多数人的盲区边缘，靠着特定的种子用户群一步步成长为独角兽企业！

2016 年，商业世界将再次颠覆你从前的判断和认知，让你大开眼界。本书正是以全新的视角、全新的理论模型，新颖的案例，让你进入这个激动人心的商业世界！

前言二

未来的主流，就是没有主流

第一，商业社会中生命力最旺盛的部分，都在传统主流之外的地方风起云涌。

乔布斯做家用电脑广告时，商用电脑是主流，1983 年 12 月，当时的乔布斯只有 28 岁，一头浓密的长发，满脸胡子拉碴，对着当时的蓝色巨人 IBM 的 LOGO 竖起中指，嘴里喊着以 F 开头的单词，向蓝色巨人下了战书：告诉 IBM，我总有一天要干掉你。在乔布斯的一手缔造下，苹果公司成为人类商业史上市值最高、最能赚钱的公司。

1999 年，辞去公职的马云，开始自己的又一次创业历程，他创业的公司做的业务是电子商务，做网上贸易平台，他瞄准了一个群体——向中国从事生产的企业提供网上贸易平台，将自己的产品卖到全国，甚至全球。当时整个互联网界没有一个人看好。认为从事贸易的群体诚信有问题，阿里巴巴活

5

不过两年；而且，大部分人都判断，电子商务不会成为中国未来的主流。17年后的今天，阿里巴巴成为了全球最大的电子商务公司，在电子商务、支付、娱乐、健康、医疗、金融等领域取得了卓越成就，缔造了阿里生态，形成了阿里系。

第二，未来的商业格局，一个品类或一项服务被一家品牌统领成为主流的情况将被逐渐打破，取而代之的是无数拥有不同用户群的圈层品牌。毛主席称之为"百花齐放"，马云称之为"小而美"，我认为叫"圈层占领"更贴切。

回顾那些后来的伟大企业，都诞生在当时看来小众的、非主流的地方！

第三，主流将意味着没有特色的大众化，与任何群体都不远不近的弱关系。

我认为2016年以后没有大众品牌，没有大众营销，中国现在高净值阶层200万人左右，富裕阶层1000万人左右，中产阶级2亿人左右，每个人都可以有自己的圈层。圈层不以阶层区分，他人对你的接纳是因为你的兴趣和专业，而不仅仅是阶层和财富，商业将被全面圈层化。

第四，越是成熟的行业，这种格局会越快到来。比如最成熟的服装行业，餐饮行业。服装行业，曾经"非主流"的无印良品，现在也不再显得另类。在餐饮行业，一个瞄准白领阶层，主打健康海鲜的自助品牌"深海800米"短期内在深、沪等地火爆，成为白领圈层的熟知品牌，客单价达到了240多元。

一个不再有主流的商业时代已经来临，你准备好了吗？

Circling-
Layering
Commerce

第一章

圈层商业的到来

"2015 年，大企业危机年"，这是国内知名财经作家吴晓波的论断。一大批知名大型企业纷纷遭遇危机，然而许多小而美的商业形态正绽放出勃勃生机。

一、引言

1. 知名大型企业遭遇危机

"2015 年，大企业危机年"，这是国内知名财经作家，畅销财经书籍《大败局》作者吴晓波先生的论断。事实上，我们耳熟能详的这些企业在 2015 年有不少遭遇了危机。

联想的危机：

"这是联想最艰难的一次困境。"联想集团 CEO 杨元庆，在联想集团 2015 年第一季度财报发布会上，曾说出了这样一句话。第二季度财报发布后，杨元庆的话"应验"了，联想集团第二季度出现巨亏，亏损额达到 45 亿元，而这也是联想集团近 6 年来出现的首次亏损。没想到的是，这个"成绩"是伴随着联想集团成为全球 PC 老大后取得的，联想在其亏损和业绩走低的情况下，实现了他多年全球 PC 老大的愿望。

联想＝电脑，联想虽占领了市场，却失去了利润。

百度的危机：

在谷歌退出中国市场后，中国搜索引擎巨头百度迅速垄断了国内搜索引擎市场，市场占有率一度接近90％，成为搜索引擎霸主，提起搜索，我们都已习惯"百度一下"。然而，在刚刚过去的2015年里，百度创始人李彦宏却过得非常不快乐。上半年，百度和莆田系医院上演了一场"相爱相杀"的故事。和百度十几年来紧密合作的莆田系医院，在过去，双方已建立起了"亲密的同盟关系"，前者为后者引流大量患者，后者为前者贡献巨额广告收入。当这种"利益同盟关系"的真相败露之后，这种鱼水关系最终也以决裂告终。

2015年年底，百度又给中国商业财经媒体制造了猛料。百度贴吧发生了著名的血友病吧"卖吧"事件，百度被专业人士、普通网民甚至国际主流媒体进行了一次又一次激烈的商业道德审判。新华社、人民日报等权威媒体纷纷发表文章批判百度的商业道德问题。

随后网上报道了李彦宏的发言："我坚持认为我们的价值观是好的，是高尚的"并表示"百度的商业模式没有根本性的问题，全世界的搜索引擎商业模式都是一样的……但任何商业模式不能说是完美的……瑕不掩瑜。"这又掀起了一大波的批"百"运动。自媒体人调侃道：当百度还在卖吧的时候，同样作为搜索引擎起家的google正在忙于开发出新版Android操作系统，忙着研发自动驾驶汽车、虚拟现实、机器人、无人机和智能家居等一系列将影响人类发展的项目。

2015年，中国互联网展开了可以载入中国商业史的O2O大战，BAT三分

天下的格局被逐渐打破，以腾讯和阿里巴巴为首的互联网大佬们 2015 年买买买，百亿收购根本停不下来。据不完全统计，2015 年 1 月至 7 月间百度投资并购了 14 家企业，根据已披露的数据估测百度投资总金额超 50 亿人民币，与腾讯、阿里近 300 亿的投资战况已完全不在一个量级。腾讯和阿里的触角伸向了餐饮、出行、教育、物流、娱乐文化等等，渗入到我们生活的方方面面。尽管百度也通过收购糯米网等企业投入了 O2O 大军，但并没有折腾出太大的声响。提起外卖，我们会选择腾讯的"饿了么"；说起视频，我们会选择阿里的优酷；需要用车，比起 UBER 我们更倾向于选择亲民的滴滴；甚至连青少年的亚文化，阿里和腾讯都已抢占了 A 站和 B 站。然而这一切似乎都和百度没有太大关系。

在商业中，一个企业发生的任何危机事件，都有可能被竞争对手利用。但像百度这样发生危机时，网上基本"一边倒"地批判、揭老底，几乎没有任何人帮其说话的事件还是少之又少。

百度 = 搜索，百度虽占领了市场，却失去了用户的信任。

格力的危机：

格力是国内最优秀的空调生产企业，也是全球最大的空调制造商，每年投入数十亿人民币进行研发，其产品品质及创新能力，在业内拥有非常好的口碑。格力自大规模开拓全国市场起，就将自己定位为一家专业空调制造企业，打出了"好空调，格力造"的口号。格力一直以来坚持的品质与专注，让他赢得了空调行业多年以来中国第一，利润第一的好成绩。然而，进入2015 年，格力面临的却是增长率和利润的大幅下滑，由于主业下滑，董事长董明珠想切入如火如荼的智能手机市场，声称分分钟秒杀小米，一年卖 1 亿部，但结果并不理想。据媒体报道仅仅只卖了几万部，购买手机的，基本全是格立的经销商，对格力做手机，大家只看热闹，并不太关心他是否能做好手机。

格力＝空调，但在互联网的商业时代，他并不能够成为人们的话题，除内行人外，很少有人会去关注格力空调在核心技术方面投入了多少，他的核心科技跟别人有何不同，他的空调一年到底卖了多少台，格力是否继续存在？

格力＝空调，格力虽占领了市场，成为了市场第一，但在 2015 年，格力真正在做的事情，并没有多少人关注。

除了这些被媒体炒得沸沸扬扬的企业外，美的、长虹、海尔、万达、万科、中粮、传统银行等诸多大企业在 2015 年都面临了各种各样的危机。

2. 新商业形态公司生机勃勃

你是否注意到，在上述一些大企业集体陷入危机的同时，另外一些依托互联网的新商业形态公司却开始绽放。

小站教育：

2011 年成立，针对有出国留学需求的群体提供培训服务，如今，小站已累计注册用户 300 万人，付费学员近 20 万人。一对一，个性化教学加上严格保分机制，确保了教学质量，也为小站教育赢得了口碑，小站教育连续 3 年

在淘宝教育类交易额排名第一。2015 年 3 月 31 日,小站教育在上海召开了融资新闻发布会,宣布已获得由知名美元基金 GGV 纪源资本和顺为资本领投的 2900 万美元。

2015 年 12 月 7 日,小站教育隆重举办了"从吾开始,连接一切"战略发布会,宣布获得 8400 万美金 C 轮融资,未来将打造一站式留学服务生态系统,连接留学的一切。并正式推出千万奖学金计划和小站公益计划,宣布与中国青少年发展基金会签订战略合作框架,将开展帮助贫困大学生出国、帮助希望小学的英语教师提高英语和教学水平等公益项目。提出将动用 1 亿元来升级留学社区,建设一站式留学服务平台,丰富社区内容和相关服务以增强用户黏性。

极米科技:

2013 年 11 月 18 日成立,主做"无屏电视"(智能投影仪),针对极客和数码发烧友,成立 3 年左右时间,迅速成为一家科技创新公司。2014 年 8 月 5 日,极米科技获得智能硬件史上最大投资,完成 A 轮 1 亿人民币融资;2015 年 6 月 23 日,获得芒果传媒 Pre－B 轮价值 3 亿元人民币的战略投资;2016 年成为全球第二大众筹平台 Indiegogo 首批入选合作的 10 余家国内企业之一。极米 Z4X、Z4 在京东、淘宝上分别发布众筹,每个平台众筹金额均过千万元。

大企业危机的背后,一批批新兴企业,以大家想不到的惊人速度快速成长,来势汹汹。我们用放大镜去观察这些企业,你会发现,那些遇到"危机"的企业,可能因为体量过大不好掉头,也可能有管理层级制度僵化难以创新等多方面问题。但是他们最大的共性是依然选择传统方式来占领市场，想做所有人的生意。这直接导致了他们的产品和服务尽管依然有用，但是却不再那么受欢迎。而那些快速成长的创新公司，他们主动锁定特定族群，让自己的族群参与到企业的商业中，通过互动，极大地增强了用户黏性。

不管我们是否已有感知，但商业形态已经开始有了非常大的不同，在过去的 50 年里，商业理论经历了从 USP 到定位的转变，商业形式实现了从终端到流量的跨越，而今伴随着互联网这张大网的连接越来越密布，一个全新的商业时代即将到来！

每一个新商业时代的到来都是伴随着使用者需求的改变，因此，我们就首先从使用者需求的角度进入商业变迁世界，一窥商业时代的变迁之路。

二、用户需求的变迁

1. USP——给消费者一个选择你的理由

20 世纪 50 年代，美国 Ted Bates 广告公司的董事长罗塞·里夫斯，在多年的市场实践中，意识到广告必须引发消费者的认同，提出了 USP（独特销售主张）这一概念。他认为，USP 是消费者从广告中得到的东西，而不是广告人员硬性赋予广告的东西。

罗塞·里夫斯提出的 USP 理论的内涵主要有 3 个方面：第一，广告必须向消费者说一个主张，必须让消费者明白，购买广告中的产品可以获得什么具体的利益；第二，主张必须是竞争对手做不到的或无法提供的，必须说出其独特之处，在品牌和说辞方面是独一无二的，强调"人无我有"的唯一性；第三，主张必须是强而有力的，必须聚焦在一个点上，集中打动、感动和吸引消费者来购买相应的产品。

为了实现广告传播中的 USP，罗塞提出了 3 条基本原则：第一条原则，让影像贴近声音，让消费者的眼睛看到他耳朵所听到的；第二条原则，让播音员的声音作为背景音；第三条原则，为 USP 找到一个具体的影像说明。

在国内，农夫山泉明确提出了"农夫山泉有点甜"的 USP，使农夫山泉从众多纯净水品牌中迅速脱颖而出，取得了巨大的成功。此外，乐百氏提出的"27 层净化"、金龙鱼油提出的"1 比 1 比 1"、喜之郎提出"可以吸的果冻"等概念，也都属于 USP，从而帮助这些品牌在市场上取得了阶段性的成功。

USP 理论诞生之初，正值"二战"后大量军工企业转为民用，新的制造企业不断涌现，竞争开始加剧；人们在战后有着重建家园，享受生活的物质需要，通过 USP，确实能够帮助企业展示功能和实现差异化，让库存的产品变得畅销。

然而，随着商业的发展，USP 理论的局限性逐渐暴露出来：第一，只关注产品本身，广告诉求以产品功能为主；第二，从产品生产商的角度出发，以生产商为中心，通过广告进行产品推销，并以推销为直接目的；第三，广告传播是单向性的信息传递，并没有与消费者进行沟通；第四，USP 理论仍是建立在"术"的探求的基点上，并没有解决产品的可持性发展问题。

农夫山泉水有点甜是否真的有利于消费者的健康，给消费者带来什么样的价值？可以吸的喜之郎果肉果冻对小孩子来说安全吗？这些问题都没有回答清楚，在产品同质化严重，竞争激烈的当下，USP 再也无法带来奇迹般的成功。

由于 USP 的局限性，由 USP 统领、影响市场和消费者的时代很快被终

结，一个新概念应运而生，迎来了商业的下一个阶段——定位时代！

2. 定位——对潜在消费者进行心智占位

定位理论，是由美国营销从业者艾·里斯和杰克·特劳特共同于 20 世纪 70 年代提出的，当时的美国开始出现一个根本性的变革，即信息社会的到来，媒体与信息爆发式的增长，单向的信息轰炸，信息的极度不对称使得消费者无力区分。当时的数据显示，美国人均广告消费达到了 200 美元（按照 2015 年的美元对人民币汇率，这一数字已经接近 1000 美元）。谈论如何做出有冲击力的广告，如何提炼出与众不同的独特销售主张，无疑是在增加传播的内容，降低传播的效率，且这种以自我为中心的观点容易与市场的实际情况相脱节。产品趋于同质化，消费者经验增加，产品的差异越来越不明显，人们开始关注产品之外的感性价值，已不仅仅局限于使用者的身份，注重产品差异化的理论不再奏效。

艾·里斯和杰克·特劳特认为，在人们学会清空大脑和遗忘信息之前，获得成功的唯一希望，就是要有选择性，集中火力于狭窄的目标，让品牌在顾客的心智阶梯中占据最有利的位置，对自己进行"定位"。心智是海量传播的防御物，屏蔽、排斥了大部分的信息。一般而言，人的心智只接受与其以前的知识经验相匹配或吻合的信息。然而，千百万的投资，已虚掷于用广告改变人的心智上。心智一旦形成，几乎不可改变，力量微弱的广告更不可能。一般人可以忍受别人对他们说一些自己一无所知的事情，但绝对不能容忍别人说他们的想法是错的，如果你试图通过广告去改变消费者的心智，那你的广告一定是灾难。

普通人的心智像一块吸满水的海绵，充满了信息。只有把已存的信息挤掉，才有空间吸收新的信息。然而，我们却想继续不断地把更多的信息塞进已过度饱和的海绵中，同时又为无法使人接受我们的信息而感到失望。广告其实不过是传播"冰山"露出水面的一角。我们采用形形色色的使人迷惑的方法互相沟通，其数量则以几何级数增加。

媒体本身虽然不是信息，但却大大地影响着信息，媒体更像过滤器，而不是传递系统，只有极小部分的原始资料最终会进入接受者的心智中。而且，我们接受的信息又受到过度传播的影响。"辞藻华丽，千篇一律"，在传播过度的社会已成为一种生活方式，更不用说其他效果。艾·里斯和杰克·特劳特认为：应对传播过度的最好方法，就是尽量简化所传递的信息。

不要像 USP 时代一样，提出一堆复杂的信息，自我为中心的方式，让消费者去记忆。相比之下，那种用工匠精神打造的产品才能最有说服力的，例如以下这些品牌的做法：小天鹅洗衣机，7500 次运行无故障；富康轿车，座椅 30 万次耐久性实验、288 小时整车暴晒考验、50000 次车门开启耐久性实验、4000 公里轮侧冲击实验、3800 多个焊点逐一撕裂实验；九牧王西裤，5600 人的共同努力，造就了 1 条裤子，每条用针分别为，锁边 10462 针，缝制针、凤眼 330 针，打枣 500 针，拉枣 500 针，拉耳 800 针，针钮 160 针，总计 2.3 万针……

定位理论认为，传播和建筑一样，越简洁越好。因为消费者无法记住这些 USP，所以你一定要"削尖"你的信息，使其能切入人的心智——如果想

给人留下长久的印象，就要简化信息，要抛弃意义含糊、模棱两可的语词。靠传播为生的人，都知道尽量简化的必要。比如说你要协助一位政客参加选举，在面见这位政客 5 分钟内，你对这位政客的了解会比普通选民未来 5 年对他的了解还要多。因为你的候选人的信息很少会进入选民的心智，所以你的工作不是普通意义上的"传播"。你的工作其实是筛选，筛选出那些最容易进入心智的材料。阻碍信息发生作用的是传播量，只有当你意识到问题的本质后，你才能通晓解决之道。

当你想为一位政治候选人或一项产品，甚至是你自己的优点进行传播时，你必须把问题本质找出来。不在产品中，甚至也不要在你自己的心智中寻求，问题的解决之道，就存在于潜在顾客的心智中。换言之，由于你能传递给接受方的信息那么少，你就应忽视信息的传播方，聚焦于信息的接受方。你应该聚焦于潜在顾客的认知，而非产品。

定位时代有句名言："在政治上，认知就是现实。"这句话在广告、商业和生活上也是一样的。

可是，怎么看待真理？怎么看待真实情况？什么是真理？什么是客观现实？每一个人似乎都本能地相信，唯有他自己才掌握着了解普遍真理的钥匙。当我们谈到真理时，我们说的是什么真理？是从局内人的角度说，还是从局外人的角度说？这两者之间确实有不同。过去有个说法："顾客永远是对的。"言外之意就是，销售者或传播者永远是错的。接受"传播者是错的，接收方是对的"的想法可能有些愤世嫉俗。但如果你想让你的信息被别人衷心接受，确实别无他选。此外，谁说局内人的观点比局外人的更正确？把这个过程转换过来，把焦点集中于潜在顾客而非产品，你就简化了选择的过程，也学到了原则与观念，这有助于你大幅提高传播效率。

定位理论的诞生，影响了全球的商业思考逻辑！

在艾·里斯和杰克·特劳特的著作《定位》里，还讲述了人的心智是如何备受骚扰、广告多得你看不过来、媒体信息从四面八方涌过来、无数种产品不断的在市场上出现的现实，他们认为，成为某个细分品类和领域的第一，是走心智的捷径。同时，艾·里斯和杰克·特劳特认为，定位的出现，意味着传播已经迈进了一个崭新的时代，在这个时代，甚至连创意都不再是广告成功的关键。他们认为，要在传播过度的社会取得成功，企业必须在潜在顾客的心智中占有一个位置。这一位置不仅包含企业自身的强势与弱势，还包括竞争对手的强势和弱势。

广告业正在进入一个战略为王的时代，在定位时代，发明或发现某一事物并不够，甚至没有必要。但是，你必须要做到第一个进入潜在顾客的心智。

定位在前互联网时代，曾经帮助无数企业获得了成功，尤其是中国企业，有无数企业家是定位观念的忠实拥趸：王老吉（加多宝），成功定位为预防上火的饮料，年销售额达到 200 亿，在中国催生出了一系列希望在其细分市场领域成为第二个像王老吉（加多宝）的品牌；安吉尔，高端净饮水专家；东阿阿胶，滋补上品；方太，高端厨电领导者……

在工业经济时代，因为产品和服务不再拥有稀缺性，而我们又希望消费者认为我们是最好的，所以以美国为代表的商业思想推崇一种"简单商业学"，即定位。

定位的作者们认为，市场竞争越来越残酷，知识社会带来信息爆炸，使得顾客有限的心智资源变得拥挤不堪。哈佛大学心理学博士米勒研究认为，

顾客的心智最多也只能为每个品牌留下 7 个品牌空间，竞争的加剧会导致你连 7 个品牌都容纳不下，只能给 2 个品牌留下心智空间，并提出了二元法则。市场的竞争就是顾客的心智资源的竞争，我们要做的事情就是要抢占消费者心智资源的简单商业学。

在我看来，这就是一种"心智圈地运动"，如同古代的封建割据——我就是你的领导者，你应该觉得我是最好的，你应该选择我，不应该选择其他人，选择其他人，那你就是傻瓜！

在互联网普及的前夜，这种简单商业学确实帮助一些品牌完成了市场统治，占据了消费者的心智领地。然而，互联网的快速普及，改变了原来企业和消费者的不对称关系，使得每个人都可以自由得通过兴趣找到心仪的产品和服务，并形成连接，商业从原来的二元变得多元，也迎来了商业从强权统治到商业的自由、民主的时代，越来越多的品牌有自己生活和发展的空间。我们看那些强权商业时代的品牌，比如主打安全心智的沃尔沃失去了市场，最终落下了被卖给中国汽车企业吉利的下场。

2016 年，将是强权商业，暴力商业危机集体开始的一年：

在过去，大家有着一种幻想和假设，假设所有人都是我们的消费者，假设所有的心智都是可以被我们的传播所左右的。在前互联网时代，我们也一直这样认为。而现在，你要左右一个人的心智和思考越来越难，以前简单的信息接收，激活潜在心智的行为模式开始发生转变。以前如果我是做服装的，可以在电视上打广告，告诉你我是高端服装的第一品牌，代表着品质，尊贵与豪华！而今天谁还愿意守着电视，看你的广告，接受你的简单信息洗脑？

他们可能在视频网站上看某个节目，然后看到用的、穿的、玩的，对其感兴趣，迅速形成购买。科技的发展，使购买变得简单，可以截图，直接图片搜索，找到类似的产品进行购买，也可以用边看边买来实现购买，也有可能是因为朋友圈的影响而产生购买。

越年轻的人，信息的来源越分散，比如时下年轻人非常爱玩的弹幕网站，就是高速的人群与人群之间的信息分享的通道。

洋河为什么能够从白酒行业的二元逻辑中脱颖而出？当茅台在做国酒，五粮液做浓香型白酒之王时，洋河看到了新商业形态下的核心，锁定了有情怀、有追求，对未来有向往和追求的新兴群体，做了蓝色经典，以男人的情怀进行价值观输出——世界上最宽广的是海，比海更高远的是天空，比天空更博大的是男人的情怀。同时，包装设计上做出了蓝色瓶子，活动上赞助网球、高尔夫、音乐会等等，通过一系列与以往营销方式不同的商业举措，进行价值观输出，迅速助其从二元法则中跳出来，高峰期市值上千亿。

酒类行业原来已经进入到资本整合阶段，国内啤酒品牌，只剩下青岛、华润雪花几个品牌，国外的也只有百威、嘉士伯等。但随着商业形态的变化，这个行业的二元逻辑也会打破，会有很多新兴的啤酒品牌诞生，RIO 鸡尾酒在年轻人中的风靡，让早已稳固的酒类市场大惊失色。未来会有越来越多的人根本不愿意喝那些所谓的第一品牌！而去喝和他们价值观契合的新兴品牌。

宝洁原来做了一系列的商业区分，将洗发水区分为去屑、柔顺、防干枯等，然后通过大规模美轮美奂的广告宣传产品定位。然而，这种做法现在逐渐失效了，消费者开始不再受用，对于宝洁旗下产品的通过定位，利用大牌明星的宣传方式他们开始逐渐免疫，开始寻觅更能代表自身身份、喜好和品

位的品牌。近年来韩国化妆品品牌悦诗风吟的兴起，让我们看到了那些热爱韩国文化、热爱清新自然格调的白领女性群体竞相购买的疯狂购买力，他们愿意花更多的钱在悦诗风吟上，而不再为宝洁的功能定位而买单。

大众品牌的落幕和新兴品牌的崛起，在宝洁身上上演。

互联网的发展，移动互联的兴起，已经让二元法则，简单商业学崩塌，商业正大踏步地向前迈进新商业形态——参与感。

同 20 世纪 70 年代非常类似，移动互联的快速兴起将我们的生活彻底改变，如今的我们遇到了前所未有的技术革命。人人都可做到时时在线，有选择性的获取信息、与品牌进行连接、分享观点变得愈发容易，于是再无权威一词。新兴一代的消费主力，只相信自己。他们再不能满足仅仅是作为信息接收方的消费者，他们想要真正参与进来，与企业互动，他们这些互联网的原住民，想要作为品牌共同建设者的用户。高高在上的自说自话只会让消费者越来越远，如今想要成为品牌，就需要让用户参与进来。

3. 参与感——因人而分的品牌崛起，
因物而聚的品牌衰落！

商业理论经过 USP、定位后，产品和服务已极度过剩，我们每天都处在数十万、数百万种产品和服务的"狂轰滥炸"中，每天有几何级的信息通过微信朋友圈、微博、公众号、新闻头条、门户网站、邮件推送、APP 自动推送、视频、朋友推荐等各种方式呈现在每个人面前。在每天接触到的信息中，至少有百分之九十以上是你完全不感兴趣，但却屏蔽不了的。刷朋友圈时，每个人都有"所谓的朋友"在你的朋友圈里发着商业、美食、鸡汤、占卜、购物、自拍、星座、微商广告等各种信息，产品和服务的极度过剩和几何级的信息传递，包围着我们的生活。在这样的传播环境中，你想要光通过独特的销售主张把产品功能贩卖给消费者几乎变得不可能，你想光通过定位抢占消费者的心智，比十年前至少难上十倍，就算你侥幸占位成功，爆炸式的信息增长，也会使消费者的心智信息很快被冲淡。

事实上，互联网时代下，一个有趣的现象已经出现。如果消费者真的热爱你的品牌，他会愿意变成你研发人员、产品专员、市场专员甚至销售专员，通过他们的参与形成更深度的黏性和热爱。著名未来学家阿尔文·托夫勒在其《第三次浪潮》中首次提出"Prosumer"（产消者）一词，指那些参与生产活动的消费者，他们既是消费者又是生产者。例如在淘宝网，用户既是信用体系的消费者（购物参考），也是它的建设者（参与打分）。搜索引擎也同样如此。这种现象的发生，基于互联网时代之上，品牌和消费者关系由于连接物的改变，而发生了关系的改变。由传统商业的产品认同，品牌认同，信息认同转变成了价值观认同，人格化的认同。

在过去，消费者认同一个品牌的路径是，我需要一个高端的包包，从电视、电台广告、商城海报等渠道了解到哪个品牌的包包品质较好，哪个品牌代表着什么样的身份，然后购买。消费者对品牌的忠诚只是浅层次的品牌暗示和心智影响，与品牌之间发生的关系是弱关系，就算有些品牌有较好的售后服务，售后服务与客户之间发生的关系也是非常机械和官方的。那些皮包奢侈品大牌 LV、GUCCI、PRADA 等，在过去都赚取了高额的利润，如钻石

界大佬周大福，卡地亚也赚得盆满钵满。"钻石恒久远，一颗永流传"深深地影响了消费者的心智，从而增加了对品牌的认同。

随着互联网的发展，信息愈加碎片化，带来的结果是，传播费用的成倍增长，传播的有效性却不断降低，通过广告强行占领消费者潜在心智的难度不断加大；同时，互联网还终结了传统大企业对渠道的垄断，只要你有与众不同的产品和服务，有别具一格的思考，你就有可能获得某个群体的认同，你的理念、价值观、人生态度会在这个群体中传播，你就能和这个群体产生人格化的连接。

现如今，一切都变了。过去提的品牌知名度、忠诚度和美誉度不再是最重要的事情。因为，我们已经进入了"小众市场"。在"小众市场"，某个人的"噪音"是另一个人的"信号"。在一个圈子中疯狂热爱的品牌，在其他人群中一无所知；或者有人在黑化某品牌的同时却又时时关注，起到传播知名度让更多人知晓甚至选择。品牌和消费者的关系并不再是简单的喜欢，购买的单向逻辑，而是形成一个复杂的关系圈。

如今的改变对商业模式的影响是，为了生产出更切合群体需求的"小众产品"，消费者也不再扮演局外人的角色，而成为了可以左右品牌发展的因素之一。弗里德曼在《世界是平的》一书中也提到了类似的观点："如果说全球化1.0版本的主要动力是国家，全球化2.0的主要动力是公司，那么全球化3.0的独特动力就是个人在全球范围内的合作与竞争……"

你可以是某品牌的服装设计师，也可以是某知名酒店大厨，你可能对钻石情有独钟，或者是个酷爱读书的书虫，你也许热爱旅游，觉得"世界那么大，我想去看看"。你不一定要是某大企业家，你可以是我们生活中任何一个普普通通的小人物。但因为移动互联网的普及，我们能找到千百个像你我这样的用户，大家的共同参与，就能决定一个品牌的生死或者形成自己的商业品牌。

生活中的我们，总有着自己的一些"小嗜好"，有的人非常爱好摄影，有的人选衣服非常有眼光，有的人天生是一个 party Queen，很懂得办 party，而有的人却喜欢"腐文化"，有的人爱看暴走漫画，有的人痴迷于"鬼畜"等等。过去，我们只是躲在自己的小世界里"独乐乐"，而在互联网时代下，人与人的连接更容易、更多元，我们每个人都能找到和自己"志同道合"的人，聚合在一起，渐渐形成一个群体，一起"众乐乐"。

现在，如果你是一个服装设计师或者热爱时尚的人，你也可能成为一名时尚 icon，连接一个追求时尚的人群，做这个群体的生意，可以不需要再在某奢侈品品牌工作，你就能够有不菲的收入，实现自我价值。比如知名时尚博主韩火火，呛口小辣椒等等已经有了一大群的追随者；如果你是某知名酒店大厨或者是一个标准的"吃货"，你也能连接一个酷爱美食的群体，比如号称"地狱厨师"的刘一帆、"寿司之神"小野二郎、周末做啥订阅号的编辑"陈小怪"。我们每个人的不同"嗜好"，在这个百花争鸣的时代被鼓励被激发，每个人都可以选择参与和被参与，打破传统商业形态，支离破碎后重组为更民主的商业时代。

真正实现可以"大众创业，万众创新"，人人可创业的商业环境，正是不断被鼓励的参与感。整个商业和社会形成大平台，在大平台上居住着无数小而美的商业。这就是我们如今身处的商业环境，用户的参与，展开品牌和用户之间的互动，改变了我们生活的时代！

　　使用者和生产者的身份发生了明显的变化，早期，大家只是使用者，然后我们变成了有选择性的消费者，如今我们是需要参与互动的用户。从使用者和生产者，到消费者和品牌，再到如今的用户和品牌，这种转变折射出了用户在商业中所占据的地位正在逐渐提升。商业时代的变迁伴随着使用者地位的提升而来。

　　随着技术的演变、环境的升级、时代的发展，对企业来说，又是经历了怎样的发展历程？

三、企业发展的变迁

1. 抢占终端——谁掌握了终端，谁就拥有市场

在终端时代，营销就做两件事情，占领终端（货架）和占领消费者的心智，各品牌对终端资源的抢夺已达到近乎暴力的程度。

终端时代，国美、苏宁、家乐福、沃尔玛、大润发、万达百货等大企业因拥有并掌握了市场的稀缺资源——终端，而成为市场上的王者。比如国美为了迅速抢占终端，创始人黄光裕对国美制定了疯狂的扩张计划，从1999年至2003年，国美开设了139家分店，一跃成为了中国最大的电子产品零售商，并以每月开设一家分店的速度继续急速扩张，至2009年底，国美在国内共拥有了1114家门店，成为门店数量最多的家电连锁企业。国美的快速发展，使得黄光裕连续登上中国的首富排行榜。

在终端时代，掌握了终端资源的大企业，得以通过各种形式向产品生产厂家收取费用，包括条码费、进店费、促销费、活动费、过节费等等几十种费用。

除了这些费用外，终端拥有者还可从产品销售额中，提取 20% —40% 作为自己的收入。另外，终端拥有者还延长了供应商和生产厂家的账期，拖几个月才给供应商和生产厂家结款，弄得生产厂家苦不堪言。在 2004 年，格力由于对国美行为感到深恶痛绝，不想再继续这种极度不平等的合作，终于由董明珠宣布终止格力和国美的合作关系，格力的产品全部从国美渠道撤出，国美也宣布全面"封杀"格力。国美格力之战，成为了终端时代的标志之战。

终端时代，所有产品生产厂家的目标，都是不惜一切代价抢占终端。做快消品的企业，在终端卖场动足脑筋。如何做堆头，如何做促销，如何做推广，如何做陈列，如何贴海报，如何做试吃、试饮等等，花样百出，创意无穷。为的就是抢货架——抢终端。做生活日用品的企业，也在终端展示、陈列方面下足了功夫。在终端时代，最流行的就是"终端魔法导购"、"促销员培训"、"终端陈列大法"、"抢占终端 39 式"等等的营销和终端培训，企业只要看到这些字眼，管它有效没效，必须去尝试，市场上有成百上千种"终端为王"的书籍。

由于不堪终端卖场连锁的"压榨"，西方连锁的概念也越来越被广大企业从业者接受。为了不被终端卖场绑架，家电厂商如格力、美的等，服装企业如七匹狼、李宁等品牌都大力自建直营专卖店和连锁专卖店。每个企业都有成百上千，甚至过万家的专卖店。

很多卖白酒的企业，为了抢占终端卖场和酒店，获得产品的专销权，不惜花重金打入卖场。国内曾经有某啤酒企业为了获得终端卖场和饭店终端，不惜用暴力的方式，在深圳等地组织业务人员打架互殴。企业为抢占终端已失去了理智，足见当年终端对企业的重要性。

这些终端，是企业的生命线，离开了线下终端，产品生产型企业将无法存活。店越开越多，导致终端竞争越来越激烈。白热化时期，在城市不过百米的步行街上，充斥着几十家内衣店，几十家运动用品店，几十家夹克衫店、几十家鞋店……终端大同小异，产品严重同质化。但是，所有的生产企业还是挤破头地进卖场，疯狂地开店。

因为大家都明白，只要拥有了终端，就等于拥有了市场。

2. 争取流量——流量就是钞票生产流水线

在一次经济会议上，海尔的 CEO 张瑞敏先生毫不讳言地说道："我做海尔 30 多年，我一直认为有两个绝杀的武器，第一个，我有 8.2 万的产业工人，经过 30 年的训练，全世界最精炼的工人是山东人，纪律性很强。第二个，我在全国有万家海尔连锁店全部是直营和加盟的海尔专卖店，这两个是我以前大杀全国的武器，今天这两个差点把我干死。"

终端时代的恶性竞争导致线下商业效率越来越低，陈列费、广告费越来越高。店虽越开越大，员工则越用越多，房租也年年上涨。在这个时候，PC 互联网开始普及，以阿里巴巴为代表的电子商务企业看到了线下商业存在的问题——成本高、效率低、管理难。在 2003 年非典时期，就开始筹建 C2C 电子商务平台——淘宝网，2003 年，淘宝网开始上线，通过 C2C 商业对流量的吸引，诞生了"万能淘宝"。在 2008 年，也就是中国的奥运年，淘宝网又拆分出了 B2C 线上商城，天猫的前身，淘宝商城，开始展开流量变现。

最先尝到流量红利的，可能大家想都想不到，竟然是保暖内衣企业。由于保暖产品只能在秋冬销售，春夏基本没什么人购买，这些产品基本是秋冬上架，春夏撤柜，导致终端成本极高。正是由于保暖内衣的销售周期非常短，

保暖内衣企业就必须抓住每一个销售时机，以及每一个赚钱高利润的时间点。保暖内衣企业已经陷入了一个"死循环"，产品刚上架时，100 块的东西卖 500 块，一周后卖 400 块，再过一周卖 300 块，接下来 200 块，150 块，保本卖，亏本卖，然后撤柜。消费者每次去逛商场都后悔自己买早了，但是天冷，又不得不买。第二年这些企业又开始重复第一年的销售策略，当消费者再次购买时，就开始骂企业不厚道。所以很多类似的品牌，知名度虽高，但是美誉度极其低。

2008 年左右，淘宝商城的流量不断增长，商城也开始成熟。以北极绒、南极人为代表的保暖内衣品牌，开始改变原来的终端理念，主攻线上电子商务。他们成为了最早的一批通过流量变现，转型成功的企业。

PC 流量时代，最先受益的是阿里巴巴集团和早期一批看到线下商业问题的企业。继淘宝天猫后，京东、唯品会等流量电商也开始快速发展。

流量时代线上商业的核心是价格驱动，让更多人愿意放弃线下购买，转向线上购买。流量时代对商业最大的贡献就是，以价格作为驱动力，用短短 10 年左右的时间，完成了线上商业的普及，更重要的是培养了无数人的互联网使用习惯。

在流量时代完成了线上商业的普及和互联网使用习惯的培养后，流量获取成本越来越高。未来，靠流量红利获利的淘宝、天猫、京东等平台，如果依然还靠流量作为生存之道，不出三年，将迅速衰落，他们只有一条出路，就是将自己变成基础平台，让更多小而美的商业体跟自己发生"连接"，转型为这些小而美商业体的服务商。

3. 一个新兴的商业时代

随着智能手机的普及，移动端的使用量越来越大，人们的生活越来越离不开手机、Pad。尤其在中国，由于地区贫富不均，很多地区受经济发展速度的限制，电脑使用率还未得到普及，但是几乎人人都能拥有一部可以上网的智能手机。移动支付发展起来后，我们迅速地步入了又一个全新的移动消费时代。消费者的购买行为越来越多得转移到了线上，线下实体店受到了电商的巨大冲击。实际这种冲击，并不怪电商，这只是一次商业的进化升级，就像汽车、火车的出现，让很多的搬运工失业一样。

2015 年年初中国互联网最早的从业者方兴东与刘伟合著的《阿里巴巴正传》一书中提到这样一个事情：

方兴东与马云聊天时，马云谈及自己对于竞争对手京东的看法，颇让人惊讶。马云断定京东的模式存在巨大的问题，前景悲观。"京东将来会成为一个悲剧，这个悲剧是我第一天就提醒大家的，不是我比他强，而是方向性的问题，这是没办法的。你知道京东现在多少人吗？5 万人！阿里巴巴是慢慢成长起来的，现在才 23000 人。收购加起来是 25000 人。你知道我为什么不做快递？现在京东 5 万人，仓储就需要近三四万人，一天配上 200 万个包裹。我现在平均每天要配上 2700 万个包裹，什么概念？中国十年之后，每天将有 3 亿个包裹，你得聘请 100 万人，那这 100 万人就搞死你了，你再管试试？我在公司一再告诉大家，千万不要去碰京东。别到时候自己死了赖上我们。"

马云为什么说京东是个悲剧，因为京东在构建的是一个以流量为核心的

商业，而以流量为核心的商业，就像 2008 年后苏宁在卖场连锁盛世狂欢的末夜，很快成为过去式。马云一直在大谈构建生态，实际上，构建的是一个个为小而美的商业形态服务的基础平台，给这些小而美的商业形态提供互联网基础服务设施。而京东现在做的事情，就像 2008 年后的苏宁，疯狂的开店获取流量。

当整个业界和社会都习惯将阿里、腾讯和百度放在一起，以 BAT 统称的时候，在马云心目中，其实早已不再把腾讯和百度当作同等的对手。2015 年年底，百度出现的一系列危机证明了马云论断的前瞻性。

马云认为，以战略见长的阿里将会迅速拉开与腾讯和百度的差距。这个论断，对于很多人来说，肯定又会觉得马云过于狂妄。而事实上，阿里上市当天，市值不仅是超越了腾讯和百度，而且是超越了腾讯与百度两强之和。上市两个月之后，阿里的市值已经差不多是腾讯的 2 倍，百度的 4 倍之多！阿里、腾讯、百度已经不是一个量级，而是形成了 1 比 2 比 4 三个档次。马云通过上市，一马当先，开始引领中国互联网。在他的心目中，这个差距未来还将进一步拉开。

当大家线上购买的使用习惯普及已趋于稳定的时候，我们将会看到线上线下真正实现融合，达到一种相对的平衡。新实体，新连锁将重新绽放出他的生命力。流量商业会向新兴商业转化。

畅销书《长尾理论》中曾提到，"如果一个生产者想让某种产品绝对符合某一类人的需求，那么这种产品注定不会受另一类人喜欢。如果你想让某种东西对所有人都有吸引力，那么折中是必不可少的，而这就意味着这种东西对任何一类人来说都是不完美的，这类东西就是'大众产品'"。未来的

"大众产品"将会逐渐退出消费品市场，被"小众产品"所取代。这从"小众品牌"innisfree 悦诗风吟与"大众品牌"代表宝洁 2015 年的市场表现中，可以看出"端倪"。

有人特别钟情，有人分外鄙视的悦诗风吟

微信朋友圈里有很多做代购的，大部分人一般都不看，但 2015 年有一天突然从刷屏的代购广告海中看到了一个很美妙的名字——innisfree 悦诗风吟，火得不行。开始还以为是哪个做面膜微商的企业新做的一个牌子，但查看一下它的资料之后，惊呆了。

这个品牌，表现出来的感觉，一句话总结就是：满足韩剧女孩的所有幻想。四句话总结就是：唯美的画面，清新的诗意，细腻的触感，浪漫的情感。

2015 年上半年，悦诗风吟全球销售额为 2891 亿韩元（约合 15.6 亿人民币），对数字不敏感的人，可以对比一下，宝洁巨轮上的玉兰油和 SK–II 同期数据。

2015 年，悦诗风吟针对其圈层，热爱看韩剧的白领女性的购买习惯，在上海等一线城市的核心商圈开出多家专卖店，成为最受白领女性喜爱的日化品牌。

比数据更直观的是门店。我于 2015 年下半年去了几趟香港，每次都有意的逛了一下商场的化妆品楼层，悦诗风吟门店的人流量和停留时间在整个楼层是压倒性的。50 平方米左右的店面内，基本保持着 15 人至 20 人的有效人流，大部分还都拖着箱子，应该是内地代购族，显得很挤。而相比之下，同

层的雅诗兰黛、兰蔻等大名鼎鼎的品牌，只能用冷清来形容。

另一个有意思的现象是，在一些比较反对韩剧，或者格调定位较高的群体或论坛，则表现出对这个品牌深深地不待见。有的说她是韩国地摊货；有的说便宜没好货，炒概念；有的说除了看着漂亮，没别的好。

没人分外鄙视，也没人特别钟情的宝洁

相比之下，宝洁正在泥潭中挣扎。

早在 2013 年的中国本土市场，宝洁旗下的潘婷被清扬超越；在洁面市场，玉兰油品牌滑落到第四名；在妇女卫生用品市场，护舒宝下滑至第三名；在牙膏市场，佳洁士被黑人超越。到了 2015 年，宝洁财报显示，已经砍掉了 100 多个品牌。

终端时代，占领货架，做出别具一格的终端视觉和体验，通过传播占领消费者的潜在购买心智，到店里形成消费和购买。流量时代，以价格为切入点，通过方便快捷的购物方式吸引消费者购买。而如今，与传统时代的商业相比，基于移动互联网的人人时时在线，时时关注，连接紧密的形态，将是一次革命性的转变。

主流文化正在分裂成无数的文化碎片，大众品牌正在走向衰弱。经理人们花了数十年时间练就了一身宣传大热门本领之后，这些热门却突然间不奏效了。人们正在转向另一些东西，一些小众的，"私密"的，"非热门"的东西。对传统商业来说，它们或许生来就是个"失败者"，因为它们就没打算统治全世界。但它们正成为一股不可小觑的力量，改变着我们的商业格局，并带来了一个我们已经、正在和将来很长一段时间都身处的全新商业——圈层商业！

四、圈层商业时代到来

1. 我们正从一个"供给不足"的时代
走向一个繁盛的"圈层时代"

在互联网未普及的时代，我们一直处于"供给不足"的状态。没有足够的空间为每一个人提供每一样东西，没有足够的货架可以放下所有的商品，没有足够的银幕可以放映所有的电影，没有足够的频道去播放所有的电视节目。而当互联网到来后，我们迎来了一个没有货架空间限制和其他供应瓶颈的时代，这是一个"无限选择"的时代，人们可以不再受制于商品，充分地彰显个体的自由意志，这就是繁盛的"圈层时代"。

2. 圈层时代——拥有圈层，
你就拥有了互联网时代商业的船票

在移动互联网社会中，每一个人的独立个性得以显现。分享的便捷性让原来的小众群体迅速找到同类，从而也就鼓励更多元的价值观、审美和品位，对同一事物的不同看法存在着越来越多的个体差异。比如，同样是喝星巴克，有的人觉得这是一种身份的象征，有的人觉得很 low，有的人觉得非常普通，和别的咖啡店没什么两样。再比如，都是"潮"，有的人觉得藤原浩，陈冠希"潮"，有的人觉得卡尔·拉格斐"潮"，这两者都可以称之为"潮"，却相差甚远。然而，不论如何，只要你进入网络，就能迅速寻找到志同道合，只要你们都足够热爱，就能逐渐形成属于自己的圈层。这样的环境为商业化提供了一片沃土。你能拥有圈层，就拥有了互联网时代商业的船票。

3. 圈层商业时代与传统商业时代的不同

最火爆的"罗辑思维"，就是通过对知识感兴趣群体的连接，形成了一个圈层。短短 3 年时间里，聚集了 700 万爱智求真的会员，形成了自己的圈层。"罗辑思维"创始人罗振宇不断地通过"死磕自己，娱乐大家"的理念，给大家推荐新知识、新观点，然后顺便卖书，他一个人每天卖出的书，相当于 N 个新华书店。但，他并不是所有的书都卖，不像传统书店一卖卖几万种，几十万种书，他只卖自己读过并基本读懂的书，但也只有三四十种。在这个对知识感兴趣的圈层中，仅靠卖 2015 年 12 月 31 日跨年演讲《时间的朋友》的门票，就获得了几千万元的收益。

罗振宇不需要定位自己是做什么的，从逻辑上讲，他可以卖这个圈层感兴趣的所有产品和服务。他的圈层有边界，只和爱智求真的群体发生连接，而他的商业将是无边界的。在他 700 万的圈层中，也包含着有其他兴趣爱好的群体，这其中也有些具有某种人格魅力的人，又形成了新的小圈层，而"罗辑思维"也愿意当"红娘"，牵线其他兴趣的人产生连接，因为这种连接，更加巩固了"罗辑思维"的圈层。

中国一位著名的财经作家吴晓波先生则更进一步，进行了圈层商业的尝试。他开通了一个名为"吴晓波频道"的自媒体进行圈层连接，旗帜鲜明地提出了自己的价值观：拒绝屌丝文化，发现商业之美，迅速连接了一个认同商业让生活更美好的圈层。短短 1 年，形成了拥有近 200 万人的圈层，他在圈层中尝试卖自产自酿的杨梅酒——吴酒，推出 2 万瓶预订，短短 3 天，被抢购一空。他在公众号卖培训演讲门票，7 天卖出数千张，相当于一个上千人传统培训公司一个月卖出的数量。

这就是圈层商业！用户的喜好和意见被提上了从未有过的高度，你可以没有渠道，专卖店，但如果拥有圈层，你的影响力将无法想象。许多营销的常规都被打破：被黑，意味着被关注；中规中矩，意味着可有可无。只做一部分人生意的，比如经营韩流文化的 innisfree 就是日化用品做圈层商业的先行者，他的成功，会随着圈层商业成为主流而越变越大。

商业正昂首阔步迈向圈层时代，圈层商业是超脱于定位商业而存在的，圈层商业的出现，将掀起一场商业的变革与进化。这场商业变革的影响，将远远超过第二次工业革命，把人类的发展推向一个新的高峰。圈层时代，我们将迎来商业发展的黄金时代！

圈层商业和传统商业到底具有哪些差异，圈层商业的到来又意味着什么呢？如表 1—1 所示。

表 1—1：传统商业与圈层商业的逻辑差异

传统商业	圈层商业
成为某个品类或服务的第一或代表。	成为某个圈层的选择。
消费者是类似的，企业只要成为第一或代表，就能获得市场。	消费者是分圈层的，不符合特定圈层的偏好，再好的企业、再知名的品牌也没用。
企业成为消费者心中的品类第一之后，这种观念是牢固的。	圈层多变，企业一定要持续不断的提供符合圈层的产品、服务和市场行为。
每个行业或品类成熟之后，市场将集中，最终形成两个企业（品牌）竞争的格局。	每个圈层都可以形成自己的品牌。
一旦成为某个品类的代表，最好不要扩张到别的品类。	一旦成为某个圈层的选择，有充分扩张的机会。
市场容量一定要大。	小市场更好。
成熟行业，新企业机会来自于品类分化。	机会来自于圈层分化。
覆盖越多的人越好。	覆盖越精准越好

　　不懂圈层商业的企业，将在互联网＋时代被迅速淘汰。传统企业面临的危机根源就是商业思想的落后。如果商业思想还停留在终端时代，而新兴的创业者，已经开始不自觉地以圈层商业思想来经营，这种思想上的差距，就好比清朝时，义和团手持大刀长矛和坚船利炮的西方国家交战。必败无疑！

Circling-
Layering
Commerce

第二章

圈层是互联化的
必然结果

互联网的飞速发展带来了信息的爆炸，信息多元了透明了，但是一个新的"文盲时代"却到来了。因为你的选择已经把自己"困"在了一个圈子中，在圈外，你是一个不折不扣的"文盲"。

一、互联化——
一个不"真实"的世界

1. 掌握了精准且充分的
"信息"，就掌握了商业成功的资本

每天早上，起床头件事，打开朋友圈，上上微博和头条，看到各种各样的新闻发生，感觉坐拥天下，仿佛无所不知。这是我们很多人每天生活的写照。智能终端的普及和发展，让我们每天都生活在各种各样的信息中，不同的信息流构成了我们不同的世界。

过去，每到年底，媒体最喜欢做的事情就是总结一年中发生的大事件，例如十大新闻、十大感人事件等等。当这些"十大"被抛出来后，社会就有了一个基础的共识。

然而，互联化让信息量爆炸式增长，我们无法阅读完所有的新闻，只能依照自己的兴趣及行业等，对信息进行筛选，渐渐的，我们关注的信息已不再一样，在某些领域里，我们成了彻彻底底的"文盲"。比如，你是否听说过引力波，你是否关注引力波的发现对科学的影响？你是否听说过一顿饭吓跑上海女孩的事件并了解其真伪？还是直接参与了地域之争？（或许你看到本书的时候已经遗忘了这件最火的事情）。你是否关注特斯拉到底会不会卖给苹果？你是否关注了香港旺角的暴乱？你是否知道帝吧给社会"贡献"了多少个流行语？如此等等。

"信息"是构成商业的本质，掌握了精准且充分的"信息"，就掌握了商业成功的资本。互联化的今天，每个人都能够触碰到非常多的信息，要搜索的信息，想要获得的数据，似乎都唾手可得，每个人似乎更容易发现信息背后的机会和真相。这让人们产生了一种冲动，让整个社会都充斥着一种"事实"——好像只要努力，每个人都能够创业成功。

然而，真相非常残酷。机会从来不会自动呈现在你的面前，信息不等于真相，相反，信息越丰富，社会越多元化，你所能看到的世界也就越扭曲、越发的不真实。

在刚刚过去一年里，大家会发现许多商业新闻被大量地掌握在几个互联网科技大佬的手上。时常，我们都会被推送诸如刘强东和奶茶妹妹生宝宝、国民老公王思聪和某明星"互撕"、乐视视频的 CEO 贾跃亭宣布乐视"SEE 计划"，打造乐视超级汽车，把全世界汽车最尖端概念拼接起来等等，好像商业世界如同娱乐世界般五彩多姿嘻嘻哈哈。然而，当你在看这些商业新闻的同时，你是否知道 2015 年格力董明珠光给她的股东们分红就将近 100 亿；万达王健林在拼命做资本布局；吉利汽车的李书福提出汽车将是下一个智能终

端等等。商场如战场，从来不会因为技术的改变而变得更简单。如果你没有属于自己的兴趣坐标轴，隔岸观火般地参与，那么纷杂的信息会将你淹没，真相却离你越来越远。我们看到最热闹的新闻都只是我们愿意看到的，但未必就是这个世界的真相，看到一角的我们永远无法得知水下的"冰山"会有多深。

我们可以看到很多媒体持续报道，唱衰线下实体商业，报道说到线下商业百分之三十都不赚钱，所以线下实体商业完蛋了，谁做谁死；趁现在，早点关门，做线上商业。线上商业将主导未来；未来，没有线下商业的生存空间，一切商务都将互联网化，电商化，等等。这些信息不断在微信朋友圈疯狂转发，在新浪、搜狐、今日头条等媒体网站上不断出现。让做实体商业的人都心生恐惧，甚至起了想关掉实体店，全面转型做互联网商业的念头。不止一个企业家表示，愿意把前半生积累的所有家产投入互联网进去，以换取一次成功的转型。这种恐慌，已经到了一种不太理智的地步。

但是，事实是，有 30% 的店不赚钱，有 70% 的还在赚钱。而另外一个事实是，在互联网上做商业的，目前仅 30% 左右在赚钱，而有 70% 并不赚钱，甚至严重亏损。线下商业可以升级，可以互联化，也需要互联化，但并不是没有任何活路。有很多活得好的互联网品牌，如雕爷孟醒创立的互联网精油品牌"阿芙精油"，正在往线下开实体体验店。全球赚钱最多的公司——苹果公司，2015 年新开的线下体验店，是其历史上最多的一年。同时，2016 年阿里巴巴开始联合线上品牌到线下去开店，加强线上线下一体化的布局。

在互联网大潮中，新创业者和存量拥有者似乎有了同等的信息获得权。新创业者好像中了头彩，成了信息暴发户，而存量获利者仿佛一夜之间丧失了所有"筹码",优势尽失。

新创业者认为自己已经掌握了足够的信息量,想要搜索的信息,想要获得的数据,都唾手可得。他对未来充满希望,认为自己无所不能!我就是中国的第二个马云,在无数创业者的BP(商业计划书)里,都把自己称为下一个马云,原因是什么?因为他认为自己可以掌握所有的信息。由于他没有足够的商业经验,以为只要掌握了足够的信息就能够吸引一切潜在消费者,以为互联网能让所有人都成为他的潜在客户。而存量拥有者,上一波财富的获利者,面对这个世界,有如世界末日,好像明天自己就要倒闭,没有活路,对自己的前景和未来极度担忧,其原因是什么?原因还是信息。新创业者已经拥有了与他同等的信息量,面向的客户群体也和他一样——所有的客户,所有的消费者。那么除了仅剩的财富外,还有什么优势?是否很快会被新创业者赶超?

过度的信心来自于信息,过度的恐惧同样来自于信息!因为这个时代,信息是无限的。但,能够掌握的信息,却是有限的。信息已不再是以量取胜,而是以精准性取胜。不管是新创业者还是存量拥有者,谁能够真正掌握更精准的"信息",更深度的信息,谁才能够胜利!

这是一个属于所有人的时代,却又并不真正属于每个人!这个时代,只属于那些能够筛选有用信息,理解,掌握和运用的人。

2. 一个必须依赖圈层的商业新形态

互联网商业探索者，自媒体人罗振宇曾这样描述我们所处的时代："我们每一个人都处在一个叫'信息蜂巢'的地方。信息越发达，事实上，我们得到的信息就越少。今天虽然我记得 2015 年商业江湖上的风风雨雨、狗血剧情，但我的着眼点从来不在于谁输谁赢。这不重要，重要的是，我坚信我们这一代创业者、职场人、商业人，我们在构建一个伟大的商业文明。这个商业文明和人类历史上任何一族人构建的商业文明都不同。"

在《麦肯锡预言 2016 年中国经济十大走向》里也这样提到："在一个完全信息化的社会，一切都连接了起来。每个人都盯着电视，盯着手机，盯着各种显示屏。媒介把每个人都延伸了，延伸得很长很长，并且让他们互相交织，聚合出新的人格。如果他掉线了，成为信息孤岛，那就意味着，个体新人格的死亡。所以，象征性人格，就催生了象征性消费的新浪潮。象征性消费，简单地说，就是做梦。有人不善于做梦，那么就会有人帮着他们做梦，而能帮别人做梦的人，则会迎来他们的超白金时代。"

那些能帮别人做梦的人，比别人拥有更精准的信息，通过圈定了某一聚合群体，对信息进行再度的筛选和精准，帮助一圈人圆梦。这也就形成了自己的"圈层"。

互联化带给大家的依然是一个机会与挑战并存的时代。互联化的幻影，让新进入者自信心爆棚，存量拥有者忧虑万分，然而信息多少无法帮助你接近"真相"，唯有可靠的圈层帮助你无限筛选才有希望。因此，谁都不能过于自信，新进入者可以轻易掌握所有想得到的信息，但没有自己的圈层，就像脱靶的子弹，不知飞向何方，无法推开用户的心智大门；存量拥有者也无需过于担忧，完全可以依据自己现有的消费群体和已经筛选的"信息"，建立起自己的圈层，让自己变得牢不可破。这才是优势所在。能拿下未来的依然不会仅仅因为现有的资源，关键是你是否真正意识到时代变化的真相——圈层商业。

社会如此多元，信息如此不真实，在你没有成为大平台之前，必须不断的切割和锁定范围，挖掘精准的信息。因此首先要圈定信息的边界和范围，也就是形成自己的"圈层"，筛选和整理出纷杂的信心，构建事实。你才有可能成就自己，成就你的商业。

今后互联网的发展，在应用上，将由现在的商贸领域向制造业领域拓展；在智能化上，将由现在的人网分离向人网一体拓展；在连接上，将由现在的有限连接向连接一切拓展；在数据上，将由现在的部分采取向全方位自动采取拓展；在服务上，将由现在的产品体验向个性化定制拓展；在使用上，将由现在的"独建自营"向"合作共享"拓展。未来的互联网时代，将是一个"人网一体"的时代，将是一个"连接一切"的时代，将是一个"数据为王"的时代，将是一个"个人定制"的时代，将是一个"互联共享"的时代。

为了满足个人定制，在连接一切已经实现的前提下，能帮助大家更好地互联共享的就只有圈层化

二、互联化的三大结果

1. 知道的多了，不知道的更多了

在互联网的普及下，如果知识真呈指数增长，我们应该很快就能消除困惑。然而实际情况是，我们会不断发现更大的未知领域。互联网帮助我们与科学更接近，主要增长了我们的无知而不是我们的知识。

同时，从主观上来看，随着科技的进步发展，屏蔽技术、用户图像、智能推荐与我们的日常生活选择越来越息息相关。这也就意味着，我们能看到、会看到的更多的只是我们愿意看到的。我们无法加快消费的速度，但因为技术的进步给予了我们充分的选择权，使我们可以通过预先的选择来提高消费的效率和满意度。凭借充裕的带宽，我们可以通过轻松地浏览网页，订阅自己喜欢的微信订阅号和博客频道。我们读到的东西也许不会比以前多，但是却对我们而言更有意义。因为有更好的过滤器（它们对我们个人兴趣的针对性比传统的过滤器，例如报纸、杂志要强得多），所以我们读到了更有价值的东西，某种意义上说，我们已经压缩了自己的注意力，而这也就决定了我们独自看待事物的方式和结果将更容易变得主观和片面。

互联化、智能化给了用户前所未有的地位，从商业上是具有划时代意义的转变。在过去，我们只能被信息裹挟，想知道的、不想知道的我们都会被硬性地施加。然而，如今，所有用户体验良好的 APP 都会根据我们的需求和喜好优先程度为我们进行推荐（如网易云音乐、头条新闻等）。

这使得前互联网时代单纯的传播－接受关系被打破。我们对信息是否接受的决定权限与日俱增。互联网时代的信息搜索方式也为适应圈层的产生而发生变化。互联网时代信息的获取，逐渐改变成了以"偏爱和喜好"来设定。当你设定好偏好和喜好后，你就自动成为了某个圈层的成员，你将会知道更多你偏爱和感兴趣的东西，而你不知道的信息盲区也将越来越多。

因此，会逐渐建立起强大的信息壁垒，虽然获取信息并不困难，但要真正了解到专业程度，会变得越来越困难。

2. 人以群分

一下子从信息囹圄中解放出来的我们，面对众多方向的选择，突然从被动的接受者到主动的决定者，作为从泛群体中剥离出来的独立个体，我们在欣喜之余也会有所茫然，习惯性地寻找下一个群体，这是人所具有的群居属性。大家会不断寻找精神的归属，寻找自己的"精神族群"，寻找的方式就

是自己的"偏爱和喜好"，当有共同"偏爱和喜好"的人聚合达到一定数量时，一个圈层就产生了。

在现代化社会来临以前，由于交通的不便利，信息的闭塞，人们的聚居和交流的人群范围有限，见到的、交往的、沟通的，只能基于地域和环境，基本都是知根知底的熟人。彼此之间喜好、脾气，甚至爱吃什么都知道。如果在异地认识朋友，很难保持交往交流，信息交流沟通方式少，仅有书信，成本高昂且耗时长。进入现代化社会以后，交通的发达，电报、电话的发明，汽车火车飞机的普及，极大地拉近了人与人之间的物理距离，让人之间的关系突破了地域限制，有了更大的交流空间，能够交往到更多的人。

在互联网时代，智能手机的出现普及，异地沟通交流的方式和效率变得非常高。只要有一个智能终端，你可以和世界各地进行即时通讯。

今天的社会，是真正意义上的人以群分的社会。在过去，我们可能与同事们有共同的爱好形成一个小圈层，与家人有共同的爱好形成一个小圈层，但我们自己的特殊爱好却无法与人"分享"。如今，连接的便捷性，让人们可以在全世界范围内找到与自己兴趣、态度、价值观相近的人，和他们产生连接，同步协作，形成一个个"独特"的圈层。比如，爱玩魔兽世界的人可以形成一个圈层，魔兽世界对部落故事认同，玩部落角色的也可以形成一个圈层，玩联盟的可以形成一个圈层。环保主义者可以在全世界找到和自己共同倡导环保的人，甚至同性恋等等的群体都能够形成自己的圈层。现在的文化不是一张巨大的毯子，而是由许多细线交织而成的，每一条都可以独立编扯，都同时连接着不同的圈层。我们每个人同时属于多个不同的圈层中，这些圈层可以是相互重叠的（比如极客圈层和乐高圈层），也可以是迥然不同的（比如网球爱好者圈层和朋克圈层）。

人以群分，互联网社会催生的更为广泛的圈层化，使整个社会的商业变得更加的多元化。互联网信息的爆炸、文化的大繁荣、各种亚文化的兴起，催生了人们对不同精神文化的需求。

我们可以看到，2014 年"IP"这个词走入大众视野，2015 年 IP 大热。那什么是 IP 呢？IP 是 Intellectual Property 的缩写，原意为知识产权。在最近两年，IP 进入了大众视野，并随着互联网公司生态的建立，从游戏界逐步延伸至动漫、影视、衍生品、文学等多个领域。IP 概念被不断炒作，多家影视公司也开始了对热门 IP 的争夺，以后 IP 甚至会衍生到酒、化妆品、饮料等等。比如说，2016 年鬼吹灯小说衍生出来的电影《九层妖塔》，没看过鬼吹灯原著的人，觉得很好看，但是你去问看过原著的人，他说这片子简直就是垃圾。如果你问他为什么觉得不好看，我觉得挺好看的呀，他会说你没看过原书，你没资格说话，主人公的气质没有出来，我们不认。

事实上，选择看原著还是看电影看电视，已经划分出了两个不同的细分圈层。看电视和电影的群体大多是没有耐心看原著的，他们选择成为动态图像的接收者，这样的方式更加直观，而与 IP 原型是否一致重合他们并不关心，而喜欢看原著的群体，则沉迷于自己的想象世界中，不愿意用"现实"将它打破。现在，我们可以看到越来越多的作品突破原有的发行形式，从书转成电视、电影，从电视转为游戏。人以群分，我们会看多更多 IP 的衍生。

IP 像拥有生命，可以像白素贞小姐一样，幻化人形，它就是我们社会生活，在这个广袤的空间中真实存在，和我们每个人一样真实。而且随着互联网的发展，IP 将是人以群分的最重要的推手，IP 提供了物质基础——"文化

干粮"，是圈层商业发展的助推器，也将是传统定位商业时代的最后一根稻草。

表现一：IP——为圈层提供社交货币，刷出存在感

这个社会每个人都需要刷存在感，可传统社会没有给太多人机会。比如说，上学的时候，只有 3 种人有存在感：学习好的；颜值高的；体育好的，其他人都没有存在感。但是 IP 盛行，人人都可以有存在感。存在感从哪来？存在感不是由内而生的，而是从他人的认可中得到的。IP 兴起，有了更多的"干粮"，为大众刷存在感提供了可能。在过去不是主流文化，都难以得到大家的认可，也就刷不了存在感。而如今，各种亚文化蓬勃发展，已经不存在主流与非主流的区别，人再也不需要去遵从主流文化，人人都可以找到有共同兴趣的"伙伴"，聚合成一个圈层。在这一圈层中，他们的价值观得到了认可，他们的文化得到了认可，人也就有了存在感。

我们来看两道考题。第一个，在 2015 年"这本小说真厉害"中获得第一名的小说中，黑长直女主角头发上扎了几个蝴蝶结？第二，我们常说的炮姐，她喜欢的绝招是什么？你是不是觉得无法理解？这只能说明你不属于那个圈层，但并不能影响对此感兴趣的二次元群体的日益壮大。能对这些我们看来无厘头的问题说得头头是道的人受到一群年轻人的追捧，他们收获了无数存在感。

IP 为圈层提供"社交货币"，即社交中要聊的东西，让大家能在志同道合的伙伴中刷出存在感。新东方创始人俞敏洪老师讲过一故事，说他从山村到北大上学，听宿舍的同学都在聊一本书，叫《第三帝国的兴亡》。从来没听过，什么玩意儿，听大家聊得正开心，很自卑，于是跑到图书馆，把书借

了，看完了，把书放宿舍一拍，说："来聊一聊《第三帝国的兴亡》"。宿舍的同学说我们早就在聊别的了，一边儿去。志同道合在今天显得特别重要，喜好不同任谁也无法打入其他圈子。每一个时代我们的社交都需要社交货币来不断地创造话题，进入话题，这是我们人类协作的基本方式。很多家长以为孩子在看网络小说、打游戏是不务正业，实际上他们在构建、在发行他们这一代的社交货币。

对 IP 的了解就是进入某一圈层最直接的方式之一。拿俞敏洪老师的例子来说，《第三帝国的兴亡》就是进入这一圈层的"社交货币"，或者也可以说是进入这一圈层的入场券。知道的人，就拥有了这张入场券，能够进入这一圈层。不知道的人，就进不去。

但是，仅仅是拥有入场券还是不够的，社交货币还需要不断的充值（更新社交内容），才能完全融入这一圈层。当俞敏洪老师努力看完的时候，宿舍的同学已经在聊别的内容，充值到下一阶段，俞老师还停留在原地，那么他就始终无法进入这个圈层。即使进入圈层之后，不充值社交货币，也一样会渐渐被踢出这一圈层。

以上论述，可以用下面的示意图来表示。如图 2—1 所示。

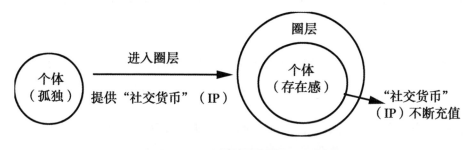

图 2—1：IP 对圈层的作用示意图

二次元圈层 Bilibili（B 站）的做法更为直接，要成为 B 站的正式会员，

必须在一个小时以内答对它给出的一堆难题（分为"弹幕礼仪"和"专门领悟"两大部分），第一部分需要 100% 答对，第二部分需要 60% 的答对率，以此来判断是否可以注册、晋级。回答正确率比较高的人，基本上都是死宅的二次元粉丝。这就保证了，能够注册、晋级的人，得先有充足的"社交货币"，无法提供"社交货币"，或"社交货币"不足的人，就不能进入这一圈层，而想要在这一圈层中晋级，成为"UP 主"，就得不断地充值你的"社交货币"。

IP 的盛行，是一个个细分的圈层追捧的现象，IP 提供了社交货币，成为了他们存在感来源。

表现二：IP——成为下一个交易入口

人类世界到现在为止的交易入口共有 3 代，第一代是流量，第二代是价格，第三代就是人格（IP）。每一次改变都是由稀缺性的变化带来的。

第一代交易入口：流量。

在商业开始的初期，人们进行交易只是为了满足自我的物质需求。在这一阶段，交易更多的是单纯的买卖关系"交易 = 交易"。这一时期的交易入口也只与交易本身有关，即流量与价格。

所谓流量，就是把东西放到你面前，你看到并且能够得着。古时候你村里开着一个油烟店，这就是流量。今天的京东商城也是流量，把东西放到了你面前，就是巨大的流量。在商业开始的初期，交易不方便的时候，交易本身的可能性就是稀缺性，于是流量成为了第一个交易入口。互联网的兴起，带动了线上电商的繁荣，让人们的交易变得越来越便捷。淘宝、京东、1 号店为消费者提供了巨大的流量，几乎所有的东西都已能在线上购买。这时，流量的稀缺性已不再存在，以流量作为的交易入口已开始衰竭。

第二代交易入口：价格。

互联网时代，让交易变得极其便捷，流量已不再是问题的时候，性价比就开始成为了新的交易入口。因为这时人们兜里的交易货币成了稀缺性，谁的东西便宜，人们就买谁的东西，天经地义。在淘宝、京东等线上电商已成功占据了大部分的电商市场份额的时候，唯品会通过将自己定位为"一家专门做特卖的网站"而成功切走了一块蛋糕。唯品会的销售模式不同于淘宝、京东等传统线上商城，而是以每天上新品，低至1折的深度折扣和充满乐趣的限时抢购模式，为消费者提供一站式购物体验，让人们享受大幅打折的畅快感。现在，唯品会已成为目前中国最大的名牌折扣网之一。在2015年中国B2C服装服饰市场份额中，唯品会仅次于天猫、京东，位列第三位。

目前，中国正在崛起一个3亿到5亿的中产阶级，当钱不再是问题，支付能力不再是问题的时候，价格也不再是交易入口。那么新一代交易入口在哪里？

事实上，我们的交易观念已渐渐发生了改变，从前人们追求"热销品"，希望与同一层次的人看齐：这不仅仅是赶上同层次的人，还要与同层次的人一模一样——拥有同样的汽车，同样的皮包，同样的化妆品。而产品丰裕度显著提高之后，情况彻底改变了。我们从"我想做正常人"转向了"我想与众不同"。

现在"热销品""潮流单品"已不再是人们的追求。举几个例子：前几年"爆款"还是一个时髦的词汇，现在却已有了"恶俗"的意思；出门逛

街，最尴尬的场景是迎面走来的人和你"撞衫"；就算用的是 iphone，也讨厌别人称它为"街机"。人们现在所追求的已不再只是爆款、流行，获得物质上的满足，人们希望我的商品"有点不一样"，能够告诉他人我的品位、我的喜好及我的个性。随着人们一个接一个地离弃"大热门"，市场需求正在分崩离析，散向不计其数的小众品牌，因为它们与自己的拥趸们更加心意相通。交易已变成了一种社交方式，商品体现出你内在的人格。我们从"交易＝交易"的时代，走向了"交易＝社交"的时代。在新一代的商业社会里，当所有商家都在追求流行、爆款的时候，能抓住我们注意力的个性物就成为了稀缺性。

这也正是罗振宇在跨年演讲时所提到的"分别心"。中国的中产阶级在崛起，他们的品位在提高，中产阶级的消费升级不是更贵，不是更好，而是展示出他人性中那个并不太光彩的存在，叫分别心。他需要某样东西，可以诠释他的品格、品位、风尚，以彰显他的个性，显示他的与众不同，在某一领域"高人一等"。新一代的交易品，不一定是大路货，不一定是好货，不一定是贵货，但必须能够彰显人的"分别心"。

IP 除功能性之外，具有的个性，恰好满足了这一需求，成为了新一代的交易入口。

怎么解释第三代交易入口——人格（IP）？罗永浩的锤子手机就是一个很好的案例。

罗永浩做手机，几年前来看是多么不靠谱的事，他有什么啊？不就是新东方英语老师嘛！课上讲了一堆段子，跟方舟子掐过架，砸过西门子冰箱，他有什么啊？他就做手机了？而且手机是一个多么难进入的行业啊？

就在几天之前，锤子二代手机发布。我不敢说这款手机特别好，即使是我买锤子手机也是出于支持罗永浩的想法，而不是真会用它。但罗永浩会非常厉害，因为他是人格型的、IP型的、新型的交易入口。他用自己的人格魅力构建起了一个强大的IP，形成一个牢固的圈层。罗永浩曾在2014年年底的"一个理想主义者的创业故事"上总结过自己支持者的特点：他们以年轻群体为主，有想法、偏文艺，是一群以相同或相似价值观聚集起来的人。

请注意，很多人都在误解罗永浩现象，以为你不就会说相声嘛，你不就是名人嘛，你不就会炒作嘛，你吸引了大量粉丝，这不就是个流量现象嘛，这怎么人格就变成了新的交易入口呢？这不就是一个传统商业世界司空见惯的现象吗？错了，流量根本就不是罗永浩现象，流量指的是，只要在这个流量面前推荐都能形成交易的入口。而罗永浩本人才是一个全新的交易入口。在一家公司里，当你是罗永浩的"锤子粉"的时候，其实在你的关系网里一定是意味着什么的。

"罗辑思维"的微信公众号现在大概有700万用户，每天罗振宇都要先说一个60s的语音，让大家提示回复给一个关键词，弹出一个图文页，然后再进行卖书。有一天他想是不是可以直接推一个图文页。因为每天回复语音关键词的人大约只有十分之一，大概只有60万人，而直接推图文页，是将图书销售信息直接暴露在700万人的面前。流量将增长十倍！于是他们下决心试一次。那天，他们在微信公众号里推了一条，语音也录了，但是潜在图文页里面。那天他们办公室非常紧张，因为预感第二天订单会像潮水一样的涌来。在客服、仓储、运货各个方面做了最严正以待的准备，然而第二天"神马"都没有发生，平时该卖多少还是卖多少。奇了怪了嘛，10倍的流量，交易没

有增长，为什么？转而一想非常简单，"罗辑思维"这个生意是人格化的交易入口，人家平时连关键词都不回你，还买你的书？怎么可能！人格型的交易入口就是人与人之间的彼此信任，帮他缩短交易时间，是一种独特的交易形式。它不是流量。

当然，每一个社交圈里意味的东西都不一样。随着人性多样性的展开，不见得都是美好的，有的是讨好，谦让，合群，有的是炫耀，攀比和歧视。比如 Iphone6s 推出时最与众不同之处就是玫瑰金，然后我们看到街上很多大老爷们一个个都拿着玫瑰金的手机。这就是 IP 本身的作用，一种个性和品位的宣召。在这里交易和功能已经没关系，都是社交，一切都会回到社交这个基本面。

上面这段关于 IP 的诠释，参考并部分摘录了自媒体人罗振宇在其 2015 年年底举办的跨年演讲《时间的朋友》。他非常好地诠释了人以群分，其实就是社会的圈层化。IP 经济就是圈层时代的最好的产物。

人格化（IP）交易入口的出现，将人们的关注点从商品本身转移到了商品具有的社交属性上。在交易过程中，消费者对商品带有强烈的感情色彩，或"爱憎分明"或"不屑一顾"。再拿罗永浩的锤子手机来说，关注锤子手机的人已形成了两拨势不两立的群体，自称为"锤粉"和"锤黑"。"锤粉"的狂热已超过了其他手机粉丝，他们不仅自己花钱买手机，还愿意贴钱组织或参与锤子手机的线下活动。在锤子手机产能出现大问题的时期，能摸到真机的人非常少，全国近 30 个城市的锤粉自发组织了线下活动向感兴趣的人宣传锤子手机。锤粉认为罗永浩正在慢慢实现自己吹过的牛，而锤黑则认为罗永浩不过是在被之前吹过的牛一次次打脸。锤粉锤黑在过去一年中的争吵、坚持和决裂，不仅折射出罗永浩和锤子科技更多的侧面，也折射出消费群体们想要变成怎样的人。

再举个例子，要说 2015 年印象最深的卡通形象，相信很多人都会说熊本熊。这个设计普普通通的日本熊本县吉祥物，人气居然超过了 Hello Kitty 和哆啦 A 梦，熊本熊目前已经有了自己专属的本田小摩托，专属的 Mini，专属的徕卡相机等一系列周边产品，为默默无闻的熊本县带来了 12 亿美元的经济效益。那是什么原因让它迅速蹿红，形成一个强大的 IP？回想一下我们接触的卡通形象，基本都是以"可爱""萌"作为主要卖点，而熊本熊则是以笨拙的行动和贱贱的内心，俘获了一大批屌丝的心。它因为笨拙，从新干线列车上摔下来；上节目时，掀女生裙子；殴打其他地方的吉祥物等等各种"恶趣味"，让屌丝们百看不厌，成功晋级为新一代的"网红"。但同样也有一批人觉得熊本熊低俗不堪，看了都想吐，感觉这熊连出演"熊出没"的资格都没有。但他开出了主题餐饮店，天天爆满，做出了周边，畅销全球，聚集了超高的商业价值。

再比如，2015 年的"奇葩 IP"《十万个冷笑话》，也许有的人闻所未闻，因为这部电影针对的是"90 后"宅文化群体，甚至在《十万个冷笑话》电影上映的时候，观影指南上直接写明了"40 岁以上需青少年陪同观看"。《十万个冷笑话》成为了一波新新互联网公民的文化符号，而大受"90 后"宅文化青少年们的欢迎，成为二次元中，一部几乎无人不晓的恶搞动画。但同样，看不惯《十万个冷笑话》的也不在少数，他们甚至还组建了"反十万个冷笑话吧"，联合抵制。但是，这并不影响这样一部奇葩、无节操的小众电影，在上映 10 天后，票房突破 1 亿，成为了 2015 年首部票房过亿的电影。

对 IP 的不同意见与看法，形成的各方阵营中，人们已经在各自的选择上，折射出了他们的价值观、品位及偏好。这些 IP 的选择，编织着人们的社交网络，也将人们聚合成了不同的圈层。

正是圈层的表现。不同圈层的人，追逐着不同的价值观和文化理念，喜欢的 IP 自然截然不同，对 IP 的评价也大相径庭。人以群分，突破了过去统一的审美逻辑。IP 是人们多样价值观、文化理念的直接体现，也预示这满足他们需求的商业圈层化的必然之路。

3. 一切都可以定制

互联网的发展，催生了工业 4.0 的到来。这其中有两个原因，第一个原因是人的圈层化，圈层化让需求的个性化加剧；第二个原因是技术的飞速发展。在美国《连线》杂志主编凯文·凯利写的《必然》里提出了这样一个预言与观点：在未来 30 年中，大部分可以主导生活的重要科技还没有被发明出来，当你面对新科技时，你自然成为了一个菜鸟。

新科技在不断地迭代升级，你就一直保持菜鸟状态，更重要的是这种淘汰正在加速。美国科技博客 TechCrunch 做过一个报告：一个手机应用的平均寿命不到 30 天，在新科技被淘汰前，你没有足够的时间来掌握任何事情，所以你会一直保持菜鸟身份。这是对所有人的新设定，这与你的年龄、与你的经验没有任何关系。科技的发展，也意味着所有的产品和服务的更新迭代在不断加速，也意味着一个人不可能掌握生活中的方方面面，这会导致人的分层越来越多元，传统的大企业和组织反映的速度越来越跟不上人们的需求，科技的发展也让圈层化现象更进一步加速。

商业形态的革命，加速了工业革命的进程，工业革命的每一次展开，都能带动科技和产业的飞速发展，让人们的生活发生翻天覆地的改变。

第一次工业革命，机械生产代替了手工劳动；第二次工业革命，让大规模生产成为现实；第三次工业革命，使生产线的自动化成为现实。那么，第四次工业革命，会让人类生活产生怎样的变革？

打个比方，如果你买了一套房子，房子的内部构造图会传入你的电脑。然后，你可以根据自己的喜好，通过电脑设计出理想的装修方式，并配上喜欢的家具。你只需要点点手指，负责装修的3D打印机器人就会进入你的房间开始大刀阔斧地进行装修。当你进入自己这所新买的房子后，会发现一切都是自己所想象的。这就是"工业4.0"。从消费意义上来说，工业4.0就是一个将生产原料、智能工厂、物流配送、消费者全部编织在一起的大网，消费者只需用手机下单，网络就会自动将订单和个性化要求发送给智能工厂，由其采购原料、设计并生产，再通过网络配送直接交付给消费者。

工业4.0更强调和突出的是智能制造，应用物联网、智能化等新技术提高制造业水平，将制造业向智能化转型，通过决定生产制造过程等的网络技术，实现实时管理，目标是建立一个高度灵活的个性化和数字化的产品与服务的生产模式。在这种模式中，传统的行业界限将消失，并会产生各种新的活动领域和合作形式。创造新价值的过程正在发生改变，产业链分工将被重组。

工业4.0有一个关键点，就是"原材料（物质）"＝"信息"。具体来

讲，就是工厂内采购来的原材料，被"贴上"一个标签：这是给 A 客户生产的 XX 产品，XX 项工艺中的原材料。准确来说，是智能工厂中使用了含有信息的"原材料"，实现了"原材料（物质）" ＝ "信息"，制造业终将成为信息产业的一部分，工业 4.0 将成为最后一次工业革命。

工业 4.0 的核心是所有的产品实现定制化。而定制化来自于个人？不，它将是来自于某个圈层。工业 4.0 将使大规模生产细化成大规模定制化。例如，在不久的将来，买车可能实现个性化定制，喜欢卡通动漫的圈层用户可以从汽车 APP 提供的数百种配置中选择一款车型，然后聚合圈层用户的需求，在个性化订单中输入卡通定制需求，约一个月，一辆用工业 4.0 流水线为圈层定制的"卡通轿车"就会送到买家家门口，价格并不会比量产车贵多少。

工业 4.0 的核心全部关乎顾客，是让公司能为顾客创造更大的价值。在这个过程中，一些具有创新力的公司不再仅仅满足于卖产品，而是延伸至卖服务，即通过智能的、可联网的产品生成数据，并据此提供数字化服务。也就是说，和顾客建立起有意义的关系。这意味着顾客会愿意为你的产品支付更多钱。你不但能以那种方式获利，更重要的是，你最终会占据一个更好的市场位置。比如，梅赛德斯可以为顾客提供更个性化的车载服务，也可以造一辆便宜 10% 的车，哪一种做法能决定它未来的位置？显然是前者。

工业 4.0 为顾客提供的服务比服务业更为复杂。这是基于大数据和技术革命的产品服务。首先，你必须是某个生态系统的一部分，也就是说，你需要和合作伙伴一起工作。比如苹果公司，他们和所有研发 APP 的人组成了一个系统，如果没有这个系统，iPhone 就是一部只能打打电话的机器。其次，在一个相互关联的、联网的世界里，你需要建立起一个信息回路，也就是一个以大数据为核心的 IT 基础设施。你的产品相当于是一个个数据终端，你需要收集信息、分析信息，然后采取行动。所以除了制造业的人才，你也需要不同的人，懂 IT 的人、懂得用创意的方式和顾客沟通的人……现在，所有的制造企业都在想尽办法在它们的产品上使用智能联网的技术，有些人走得比其他人远。有趣的是，一些创新企业往往速度更快。比如有个创业公司 Nest Labs，其制造的智能温控器，让我出门在外可以随时用 APP 控制家里和办公室的温度，这样一来，制造传统室温控制系统的产业巨头就有麻烦了，因为别人可以提供智能互联的产品，如果它们不做，就会被淘汰。

而这么复杂的直接针对个人的个性化服务，并不能够使"客户"真正满意，工业 4.0 的制造企业，未来将和"圈层"发生连接。

工业 4.0 带来的智能化，让人们可以实现产品的定制化。因为生产效率，科技的大幅度提高，所以定制化才成为可能。

三、圈层商业的必然性

1. 圈层经济靠的是价值和兴趣协同

大数据，多屏互联，物联网等信息技术，连接技术的发明。改变了传统观念中"拥有""所有"的想法，转而变成"使用""共享""流动""人人参与"。观念的改变直接影响了我们人与人之间的关系，人与政府的关系，人与企业的关系。所有仍在奋斗的企业家要拥抱改变，首先改变思想，真正理解圈层商业是大势所趋。

互联化的三大结果，让我们看到了信息、需求都在逐渐圈层化，这直接地影响到了商业世界。如今的商业行为与之前的一个最大不同，就是人群选择的圈层化。在过去，我们假设所有人都是我的客户，我的消费者。希望把自己的产品和服务卖给所有的人，现在做不到的原因是方法还不对，努力不够，一旦方法对了，努力够了，就能够达到自己的目标。而圈层商业的思路恰恰相反，圈层商业主动并只做一部分人的生意，企业和用户、客户之间的关系，是一种协作关系，伙伴关系，靠的是共同的价值观和共同的兴趣产生连接。

在过去，客户都是上帝，以客户为中心，尽一切可能去满足客户需求，对客户打不还手，骂不还口的时代已经过去。如今，客户喜欢有个性的不一样的品牌，给自己提供的是个性化的服务。为了能更好地服务好自己的圈层，我们对志不同道不合的客户只能说"抱歉，你的生意我做不了"。

比如，专业公司就主动放弃了某些客户，因为他提出的要求与我们的原则相背离（即想做所有人的生意，而一意孤行，贸然否定专业公司给他们提出改变的建议），而专业公司要做的是圈层商业，如果我们去满足了他的需求，那对支持我们的客户就不公平，所以我们只能说对不起，你的生意我不做了。这种趋势越来越明显，这就是圈层商业，选择信任你的客户协同前进。

如今的商业不讲究大而全，首先可以是小而美，通过小而美产生连接，比如说"罗辑思维"卖书，只卖50种左右的书，如果按照传统的卖书的观点，他应该卖几万种、几十万种的书，做得无限大。但是"罗辑思维"做的是圈层经济，圈层经济靠的是价值和兴趣协同，他只卖给喜欢你和信任你的客户，卖的书一定是他读过，觉得很好的书。他不能读几十万种书，如果都卖，就是对用户不负责任，所以他先做有限的有边界的生意。但是随着有限的生意后，他形成了核心的圈层，其他符合这一圈层的产品又可以在这里卖，由此他就赚到了其他的利润，他可以让有限边界的生意不断扩大，形成无限的边界。

个性化、定制化的趋势推动了商业的圈层化，圈层商业和传统工业时代

的定位商业出发点不一样。圈层商业就是商业活动中体现价值观上的"定制化"。

定制给专门人群的服务及产品，必然会有不理解和不喜欢的人群。这就是商业的圈层化。未来，一切产品将可以定制，你手里的 iphone 将不再是街机，而是能够彰显你个性的产品。

2. 互联网神话背后的真相

很多人认为，马云太坏了，他的淘宝和天猫，居然把线下的生意全部毁掉。但如果我们去查找一下数据就会发现，中国目前虽已成为全球发展很好的线上商业国度，但我们的线上商业占整个全国社会消费品零售总额只不过 11.36%。

大家认为互联网企业风头很强劲，腾讯很了不起，版图拓展很快，2015年一年挣 200 多个亿；阿里巴巴很了不起，2015 年赚了 260 个亿；然而五百强公司排行前四位的全是银行公司，排行之首的中国工商银行，2015 年利润 2600 多个亿；中国石油去年赚了 1000 多个亿，中国移动，大家都说他不行了，也有 1000 多个亿的利润。

雷军的"风口"论，让大家误以为只要转型成为互联网企业，就能成为"风口上的猪"，日子非常好过。我们不妨讲几个大家非常熟悉的互联网公司。

第一个故事是关于百度的。有一天，李彦宏醒来，看了看百度账户里还有500亿现金，说我愿意用200亿现金去搏一搏O2O，线下生活服务这个市场。此言一出，江湖震动，马上就开始产生了很多的八卦，京东的公关就开始要说服媒体界了，说以后能不能不叫BAT了，把百度拿掉，换上京东，以后叫JAT；平安则说要改成PAT；还有媒体猜测，可能这个以后要改成ATM，即小米、美团和蚂蚁金融。像百度这样的大公司，败相未露，已经开始有人要谋取它的位子。可想而知李彦宏先生心中的阴影面积。

马云的2015真是繁花似锦却又如烈火烹油。"双十一"的预备大会已经摆出了万国来朝的气势。整场发布会居然没有一句中文。各国大使匍匐而来，叩见马云，"双十一"912亿的成绩振聋发聩。但是据传闻，马云一次在内部大会上说："我们的公司特别好，全世界的互联网公司都特别羡慕我们。百度拿他的产品换阿里巴巴，换吗？当然不换；那马化腾拿腾讯来换呢？这个要想一想。"腾讯凭借微信已经拿到了通讯时代的站台票，而这却是阿里巴巴所缺的。马化腾好像是站在了食物链的顶端，他没有什么忧惧吗？在一次腾讯的内部演讲，马化腾亲口在台上讲，腾讯创业17年来，他每一年都觉得自己快要死了。而此前的乌镇大会，马化腾已经显露出深度忧虑，对于下一个替代微信的通讯物种。

再来看看国际互联网公司大牛——扎克伯格。2014年2月，扎克伯格做了一个交易，用190亿美元收购了一个跟他业务类似的公司，叫WhatsApp。据我所知，中国一家公司也参与了竞标，但只出价30亿美元。现在再回头看，Facebook这个出价不值吗？太值了。如果没有WhatsApp来接续Facebook的整个产品和周期，很可能今天Facebook就是另外一种状态了。所以，这不是并购，这是逃命。逃命的时候当然愿意把所有金银细软交出去，这就是互

联网最牛公司的心态和处境。

互联网人经常把互联网比做是新时代的水电煤，而像腾讯、阿里这些平台型公司，就相当于是水、电、煤投入的大公司，在这个基础设施建设的年代，抢位、卡位的时代，他们确实应该战战兢兢，如履薄冰。因为稍有不慎，他们花十多年时间辛辛苦苦创立的帝国，建立的生态，就会被淘汰出局。

当你认清了互联网的真相时，你应觉得不再恐慌。就像作战时，若已摸清了对手的底细，那么即使面对再强大的对手，也已经有了心理准备，能够运筹帷幄，因而不再恐慌。真正的恐惧是，你对对手一无所知或者毫无头绪，所以时刻战战兢兢，惶惶不安。对传统企业来说，互联网就像这么一个对手，外表庞大，却不知内里几分虚实，不由得心生恐惧。

2015 年，事实上所有的互联网大佬都在做大布局、大生态，以避免自己被迅速地淘汰出局。和其他任何行业的创业者一样，每天都活在恐惧和不安中。2015 的畅销书《创业维艰》的作者说了一句话，我睡得像一个婴儿，每两个小时醒来大哭一次，创业是一种何等的煎熬。撇开互联网神话背后，大家依然需要探寻一条新商业形态下的真正发展之路。

其实，互联网像一个幽灵在中国大地上徘徊很多年了。如果你深入思考一下，就会发现，以前互联网并没有这可怕，可是在 2015 年对互联网的恐慌达到了一个巅峰。

如果把我们的商业发展比喻成一个城市建设的过程。互联网发展的前期是基础设施建设的阶段，如今硬的方面塑造，已经完成，在这个阶段，追求的就是标准，生态和共性。剩下来的，就是软的方面的精细化塑造——装修阶段，体现的就是个性、特殊性、非标性，强调的是表达，细节塑造和表现。

利用好新时代的水、电、媒。用水去做音乐喷泉，用电去弄灯光秀，用煤去转化成你所需要的能源。

这个时代是大佬的恐慌日，是商业从业者的幸福天！

基础互联网生态已基本建设完成，为各种商业组织的无限嫁接提供了沃土。圈层商业在互联网先驱大佬们建设的生态中，迎接一个百花齐放的新时代。

移动互联网技术的革命，给我们所带来的商业机会，并不是基于互联网本身的改变的信息多元化，而是人与人、人与品牌之间关系的改变形成的圈层，这将改变传统时代单一的依存信息、资源的做法，成为新进入者最好的切入点。因此，商业的发展并不是单一往线上走，而是应该立足于关系改变后的群体形态，即圈层商业，进行商业上的新变革。

Circling-
Layering
Commerce

第三章

个人圈层化到商业圈层化

　　圈层商业下，个人不再仅仅是产品的使用者，企业的消费者，他们的参与意识达到了空前的高度，并形成一个个自发而成的群体，同时个人拥有了前所未有的力量，可以走向全球，与地球上其他的个人进行竞争。结果就是，每个人现在都会问：在当今全球竞争机会中我究竟处在什么位置？我可以如何与他人进行全球合作？

一、我们正从一个个人消费型社会奔向一个群体协作型社会

不断上升的消费者预期以及越来越短的产品生命周期，都迫使公司去适应一种新的商业形式——协作型经济。协作并非仅仅是单个事件或者单个场合中将消费者、合作伙伴以及员工联系到一起，同时它还是促进产品创新的一种强大驱动力，能促进经济更快增长，最终提升社会发展水平。

全球最大的出租车公司 Uber 没有一辆出租车；全球最热门的媒体所有者 Facebook 没有一个内容制作人；全球市值最高的零售商阿里巴巴没有一件商品库存；全球最大的住宿服务提供商 Airbnb 没有任何房产，全国前三大酒店业 OTA 没有一间客房……从中我们可以很明显地看到这种现象在商业上越来越多的体现：个人逐渐从单纯的个人消费行为变为参与到商业中的产品的提供，包括完全的提供者和部分的参与者。他们中的有些人是单独行动的，有些人则加入了围绕某个共同兴趣组成的网络群，还有一些人只是普通大众，不知不觉地被影响而加入其中。而引领潮流的不再是人中龙凤，他们并不比我们强，因为他们就是我们中的一员。

这些现象说明了什么?

深层次来看,产生这种现象的背后,公司已经从服务产品的提供者向平台化进行了巨大的转变,这种转变不仅仅是提供内容的不同,更是公司形态随着个人圈层化驱动的变革。它释放出了群体间的剩余产能,形成资源的共享和流通。参与商业的消费者也是内容和服务的生产提供者。消费者之间互不相识,但因共同的理念基础而实现连接,这种连接在企业的引导下,转化为经济效益。

1. 公司形态组织的衰落,个人的崛起

阿里研究院曾经发布过一篇研究,阐述了一个观点:未来商业组织不再是"公司+雇员",而是"平台+个人"。

在我们目前所采用的"公司+雇员"制度中,个人的能力不能完全释放。因为,在现有的公司体制中,大部分的雇员只是机械性地接受着组织分派的任务,对组织来说,他们就像是机器上的一颗螺丝,没有"个人意识"。大部分员工们并不是自己喜爱,他们仅仅是为了月薪、奖金、期权等在进行着"朝九晚五"的工作。对整个公司而言,员工们参与的只是价值链上的一个小环节,因此他们难以直接感知到自己的劳动到底为客户创造了什么价值。公司里漫长的内部流程——让每个人要实现跨部门协同都需付出很大的努力,公司本身复杂的组织形式最终将一点点地压垮个体的协作意愿。

以"公司"为代表的那种科层制的组织方式的主导地位，已在逐渐下降。与此同时，一种靠垂直生态整合的全新的组织形态，正在逐渐取代传统专业分工。2011 年初，维基百科上，自发自愿的、活跃的业余编辑，数量达到了约 9 万名，这种集体智慧带来了很高的、可以媲美专业编辑的编辑质量。自发、自主、快速聚散的柔性共同体的大量出现，引发了很多人的关注，我们将其称为一种普遍的"无组织的组织力量"（圈层的力量）：凭爱好、兴趣，快速聚散，展开分享、合作乃至集体行动。这种越来越多的组织形式构成了一种新的商业形态——圈层商业。

在圈层商业中，激励员工的不再是传统商业中的"胡萝卜"（某种经济回报）加"大棒"（老板的责骂），因为人们积极工作不再仅仅是为了奖金，更是为了在圈层中赢得荣誉。这种现象或称为新形式的"信用经济"，在这样的经济环境下，人们熬夜工作，为各种各样的创意竭尽全力，更多的是希望他们的圈子，承认他们的贡献，从而收获威信，也可能是某种程度的声誉。这就能帮助我们理解，人们为什么会愿意在豆瓣上发表评论，或者愿意在 istockphoto 网站花无数时间教初学者摄影的基本常识。圈层商业的激励主要存在于圈层中。

而圈层商业的组织职能，不再是分派任务和监工，因为圈层商业中已不存在员工的角色，取而代之的是"圈层协作者"，圈层企业将通过"平台＋内容＋终端＋应用"的完整系统，加强产业链各环节的协同共振，实现跨界整合，创造出自我循环进化的互联网生态效应，为"圈层协作者"提供更大的施展空间，让他们充分发挥自己的专长和兴趣，以增强圈层用户的黏性。我们甚至可以说，是"圈层协作者"使用了组织的公共服务，而不是公司雇用了员工。"这就是为什么我们说，乐视电视比传统电视高一个时代。因为它拥有的是每个有价值的用户，有黏性的用户的（乐视 2015 年的产品发布会上，除了 1500 名媒体记者，剩下的都是乐视的粉丝）。乐视通过打破边界、跨界化反、源源不断地为用户创造了全新的体验和更高的价值。（化反，是乐视造的一个新词，意为"化学反应"的简称，可以解释为当乐视的产业涉及几个完全不相关，彼此交叉的领域的时候，可以互相借用彼此产业的资源。）

圈层商业的组织形态因此与传统商业形态大相径庭。具体表现在以下两个方面：

第一，个人——最具影响力的协作者。

德鲁克曾预测，知识工作者将很快成为发达国家中最大的族群。事实正是如此。仅从企业内部与信息工作相关的员工比例来看，20 世纪五六十年代的 IT 应用，首先让后端财务人员等的工作方式发生了转变，80 年代的 PC 普及，几乎让所有的知识工作者的工作方式都发生了革命，到今天的 IT 消费化浪潮——平板电脑、智能手机的普及，以及可以预期的云计算对 IT 民主化的极大推进，企业里最后那些工作还没有实现 IT 化的员工，其工作方式也必将发生"信息化、知识化"的转变。至此，所有部门和员工工作的 IT 化、信息化、知识化将基本完成。而这又意味着全社会知识型工作人群比例的极大提升。

在 DT 时代，数据和知识越来越重要了。既然经验和知识不均匀地分布在每个人身上，那么只有每个人的经验、知识与数据的结合，才能让数据变

得鲜活生动起来，诸如此类的长尾生意和职业也将越来越多。

在宽泛的意义上，人人都是知识工作者，人人也都是某个领域的专家。在《专一业余革命》（the Pro—Am Revolution）中，就曾提到这样一类人，他们被称为"以专业标准工作的专一业余爱好者"，他们在自己感兴趣的行业，可以与专业人士媲美。当前"专一业余爱好者"正以"创新中心"的形式存在于价值网络中。

而这样的工作形式，这会让个体的工作与生活更加柔性化：一方面，个体的潜能将得到极大释放，每个人的特长都可以较方便地在市场上"兑现"，而不一定要全职加入某一组织，承受"被组织"的代价才能实现个人能力与市场的交换。另一方面，工业时代那种工作、生活、学习割裂，个体无法柔性安排工作与生活的状态也将得到很大改变，类似于工作、生活、学习一体化的 SOHO 式工作、弹性工作等新形态将更为普遍。高水平的个体是极具价值的联合创造者。

第二，公司的小微化趋势。

当我们每个人都能"独当一面"的时候，也就意味着公司已不再需要那么大的组织，那么长的链条。那么企业组织的规模将注定走向小微化，大企业式的"多人企业"最终也将会裂变为很多个"个人企业"。甚至一个单独的个体也仍会进一步地碎片化——当每一个人参与到以任务中心、以流程来驱动的各个不同的临时性组织中去时，他们可能会担任不同的角色——在这种现象越来越普遍之前，能够在不同剧组里同时出演不同角色的演员，其实已经是这条道路上的先行者了。这是人人都能绽放的时代。过去可能单个产品无法进行商业化，但是圈层时代，我们完全可以先通过产品使产品的提供者和产品的使用者进行直接的连接。

"小微企业乃至个人"在今天的发展机遇，与个性化需求的兴起直接相关。互联网所聚合、催生的个性化需求，是"组织小微化"的沃土。过去受限于市场规模而不能成立的很多特色小生意，现在在网上找到了它的客户；反之亦然，过去受限于信息不畅通而不能得到满足的那些个性化需求，现在在网上也找到了它的卖家。例如，在2012年，有两个中国小伙子王宇和李林韬，通过淘宝网购买所有的造跑车的零件，就造出了一辆"兰博基尼"跑车。事实说明，人人都可以是产品，品牌和产品的关系更加的紧密。

个人的崛起，新组织形式的形成，公司小微化的改变，意味着庞大的公司组织正一步步"分解"，这些分解出来的"小团体们"不可能独立生存，它们仍需依附于互联网领域的各大平台，这也就产生了一种新型的分工、协作方式。

2. 一种新的分工、协作方式正在形成

互联网时代的快速发展，带来了商业的两大变化。一端是各个领域中互联网平台的出现，以及各个产业和企业的平台化，一端是海量个人作为经济主体的普遍化。这样一种"平台＋个人"的分工协作结构，与过去的"公司＋雇员"已完全不同。

平台提供管理、服务、大数据支持等，去支持前端（个人）的灵活创新，并以"多个小前端"去实现与"多种个性化需求"的有效对接。这种"大平台＋小前端"或者说"平台＋个人"的结构，已成为了很多企业组织变革的原型结构。如 7 天酒店的放羊式管理、韩都衣舍的买手制、海尔的自主经营体等。

这些分工、协作的进行，都已经不再是"公司＋雇员"的关系，就像韩都衣舍的买手制一样，这些买手们都是热爱时尚的"潮人"，他们因为共同的兴趣爱好聚集在这一平台，形成一个圈层。圈层为这样共同兴趣爱好的个人或"小微企业"提供了聚合的平台，反过来，个人也可以在这个平台上发挥自我的价值。换句话说，平台为圈层提供了培育的土壤，促进了越来越多圈层的诞生，形成圈层商业。

在今天这种一个人就可以面对全球市场的时代，小企业、更确切地说是个人，正在迎来自身发展史上的黄金时代。要想在圈层商业时代活得好，你还需要进一步理解消费者的改变。

圈层商业化提供了一种新的思维方式，通过对个人圈层化的最大利用，将所有参与个体的自我力量替代了传统的生产力。因为圈层化，所以"顾客就是上帝"开始变成了"顾客也是服务者"，顾客也提供服务。这就是圈层的力量。

传统商业逻辑中，供需关系的解决依赖产能的不断提高。圈层商业中供需关系存在一种自平衡状态，从而实现新的价值。

二、我们不是"消费者"，
我们是共同意志的聚合体

在圈层商业时代，一部分聪明的商家已经有了"圈层"的意识，他们聚合了自己的消费者，让他们形成一个群体。但他们没有考虑到个人作为消费者的角色也发生了变化。在圈层商业中，人们已不再是一个被动的消费者，仅仅购买产品这么简单，他们有自己的意识和判断。所以，别再把他们当作一个消费者，他们的价值需要被挖掘，同时他们还需要一个"共同意志"的引导，这样才能形成一个牢固的群体，一个稳固的"圈层"。

1. 粉丝经济不管用，因为你只把我们当作消费者

粉丝经济，只是利用"明星"的光环效应在销售产品。从某种角度说，"明星"才是企业的主打产品，"明星"销售的东西，才是周边产品。这样的经济模式，虽然依靠明星的个人魅力，能够聚拢一票的"追星族"，但存在

的依然只是企业与消费者的关系。产品依托"明星",虽然有了一定的知名度,但消费者关注的还是只是产品本身,产品的质量、性价比等等。当产品不能达到消费者的期望时,他们就不会购买。消费的只是明星的影响力,这对消费的持续力非常不利,无法带来重复消费。

明星光环只能是宣传的一个点,而不能将生产力完全依托在明星身上。需要不断通过精神或者物质的升级进化给到用户他们真正想要的。比如崔健做手机、韩庚做手机失败等,就印证了这样的逻辑。

褚橙的成功,柳桃的失败,背后的圈层商业逻辑

近年来,由昔日"烟王"褚时健生产的"褚橙"成为社会热点,褚时健跌宕起伏的传奇经历让大众津津乐道,褚橙是褚时健奋斗的代表,褚橙获得了"励志橙"的美誉,成为了中国互联网时代第一个标志性农产品品牌!

褚橙的发展历程是这样的:

2002 年,74 岁的褚时健保外就医,在云南省玉溪市新平县哀牢山接手一个国营农场,褚橙发展伊始很困难,一方面产品品质并非很理想,另一方面销售渠道没打开,几百吨销量都难以消化。第一年曾出现当地书记出面订购分发村民和民政局帮忙订购送老人和下岗职工的情况,此外褚橙公司还托关系向各地烟草公司推介。

2009 年产量提升到 4000 吨,销量仍不尽如人意,有 400 吨产品积压仓库烂掉,光处理都花了 15 天。此后,褚橙品质与销量逐渐进入佳境。

2012 年 10 月 27 日，随着《经济观察报》一篇《褚橙进京》报道的发布和王石的转发，宣告褚橙与本来生活网掀开了合作序幕。褚橙的品质故事和励志意义得以广泛传播，迅速引爆品牌影响力。11 月 5 日网络首发，5 分钟卖出 800 箱，20 吨在 3 天半售罄，最终卖了 200 吨。网上热卖引起社会更大关注，促进线下传统渠道进一步增长，并带动褚橙公司其他生鲜产品的推广！该年褚橙总产量为 9000 吨。

2013 年产量达 11000 吨，本来生活网帮忙卖了 1500 吨。褚橙基地由原来 5000 亩再另外扩展 4000 亩，新建 3000 亩沃柑基地及 2000 亩红椿基地。

2014 年底褚橙庄园盛大落成，拓展了休闲观光旅游会议的服务，用王石的话，希望将褚橙园区打造成"企业家的精神摇篮"。

2015 年，褚橙上市短短一周，所有褚橙被预订抢购一空。

刚开始，褚橙并没有获得如此高的关注度，褚橙最先获得广泛关注和认同是从其打出"人生总有起落，精神终可传承"经典价值观主张后开始得到创业群体的共鸣。（产品和价值观要有紧密的关联度）

褚橙通过这个口号传播创始人传奇故事。褚时健四个人生历程（酿酒、榨糖、种烟、种橙）的卓越表现，优秀企业家跌宕的境遇，与时代发展背景相映衬，生动地勾勒出褚时健认真的作风态度与独特的人格魅力。他的这种一辈子不屈不挠的精神引起了创业群体的共鸣。

挖掘和升华精神内涵。从"烟王"到"橙王"的艰辛转型与坚毅实践，烟王身陷囹圄的悲情色彩，"人生总有起落，精神终可传承"的感人主题，与巴顿将军"衡量一个人成功的标准要看跌落低谷后的反弹力"的权威名言相佐证，有力地彰显一位老者的追求与境界，让大众内心产生深深的共鸣。

传播企业或产品品质背后故事。古稀之年躬身果园十二载，曾经在山上住窝棚五六年，生产管理精益求精、一丝不苟，手捻鸡粪肥查看质量、间伐剪枝实践研究等细节描写，栩栩如生地刻画出匠人的鲜明形象。

通过一系列的运用，褚橙在市场上取得了巨大的成功。

反观柳传志先生的"柳桃"，虽然由拥有 600 万微信公众号订阅用户，中国最大的知识型社群的罗振宇亲自操刀，也并没有取得太大的成功。

2014 年 10 月 8 日，柳传志在"罗辑思维"上发英雄帖，为联想旗下农业品牌佳沃生产的"柳桃"征集营销方案，并点名向雕爷、白鸦、王兴、同道大叔、王珂五人求教。

"柳桃"的推出，在互联网上弄得非常热闹，根据"罗辑思维"提供的数据，"柳传志卖柳桃"在"罗辑思维"上微信公众号上累计点击超过 500 万次，被网友转载至各大社交媒体刷屏。话题发出的几天之后，项目组收到了来自全国各地网友的 4000 份策划案。

一阵热闹后，"柳桃"消失得没有一点声，甚至柳桃的操盘者都说出，要想成功，先得去"柳"化。传播的本质还是如此，传播不是最重要，最重要的是传播什么。柳桃到底是什么？无法被感知，因此产品缺乏影响力和感染力。

在褚橙的案例里，他并没有将他的受众当作一个普通的消费者来看待，而是用一种不屈不挠的创业精神，填补了中国创业者心中一直以来的精神空白，让他们千疮百孔的创业历程有了寄托和出口。唤起了创业群体的共鸣，使他们的精神受到了鼓舞，他们的价值得到了肯定。这些一群被聚集起来的创业者圈层，购买的不仅仅是一个普通的橙子，而是购买了褚时健的一种创业精神。

反观柳桃的案例，你会发现，他仍然仅仅是把受众当作消费者来看待，用老一套的产品推广方式来推销产品，在媒体上大做文章，只不过是把广告从传统的报纸杂志转向了互联网。虽然他也有自己的目标受众群体，有一定的粉丝量，但他没有考虑到受众的精神需求，挖掘受众的价值。只是把受众当作一个消费者，单纯模仿褚橙的成功。这样一种跟风的做法，必然是失败的。

2. 社群商业没有未来，因为我们只是一群"乌合之众"

互联网的发展，人以群分业以形成，"社群"的概念开始流行，无数的媒体人参与到社群商业中。

但通过对这几年的观察，三年来因微信社交红利引爆的社群里，有40%仍在迷茫，找不到出路和方向，35%已经消亡，只有25%的社群找到了可持续的商业模式落地，而大量的社群仍在陆续诞生。在这个所谓"社群经济学"的侏罗纪时代，各路社群的基因凶猛交配，创造出很多让人来不及总结归类的社群物种，把社群比作胶状生物或宇宙星云的天书比比皆是，那究竟现在社群的生存状况如何？又有哪些善恶基因呢？

知乎用户 Omega 通过一个小组的社群观察者，用感性托腮法（想起谁就有谁），列出全国100家新兴社群的名单，并以 AHP 层次分析模型（就是那么认真）对他们的数据进行搜集和分析，得出了以下37强的影响力排行榜，

并从地域、行业、人群覆盖等多维度剖析他们得以生存的秘密。如表 3—1
所示。

表 3—1：37 强社群影响力榜单

排序	社群名称	排序	社群名称
1	罗辑思维	21	木兰汇
2	黑马会	22	中国企业家俱乐部
3	正和岛	23	中国青年企业家协会
4	狮子会	24	湖畔大学
5	创新研习社	25	华本企业家俱乐部
6	中国海归协会	26	联想之星
7	长江商学院校友会	27	吴晓波书友会
8	世界经理人	28	中国青年投资家俱乐部
9	GirlUp美女创业工场	29	K友汇
10	领教工坊	30	BSE同学会
11	YBC（中国青年创业国际计划）	31	初心会
12	柴火空间	32	海豚会
13	华创俱乐部	33	南极圈
14	蜂窝私人董事会	34	接力中国
15	中国青年天使会	35	E-MBA云社群
16	实友会	36	优米汇
17	前橙会	37	金创汇
18	欧美同学会		
19	AAMA 亚杰商会		
20	博商会		

37 强社群创始人背景，如图 3—1 所示。

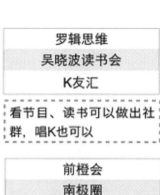

| 罗辑思维 |
| 吴晓波读书会 |
| K友汇 |

看节目、读书可以做出社群，唱K也可以

| 前橙会 |
| 南极圈 |
| 华创俱乐部 |

关于BATH前老板的吐槽，原来可以把这么多受压迫的人民紧紧地团结在一起。

| 湖畔大学 |
| 中国海归协会 |
| 创新研习社 |
| BSE同学会 |
| 中欧国际工商学院 |
| 长江商学院同学会 |
| E-MBA云社群 |

商学院同学之间再也不用拼爹了，同桌的你最近打算从纳斯达克跑路回新三板吗？

| 木兰汇 |
| GirlUp美女创业工场 |

女性私房话＋偷窥营销，充分显示出女性社群在创业环境里崭露头角的商业智慧。

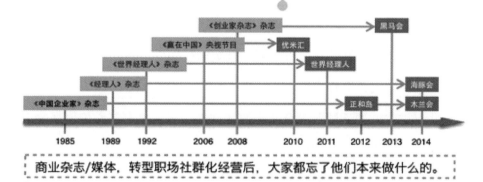

商业杂志/媒体，转型职场社群化经营后，大家都忘了他们本来做什么的。

图3—1：37强社群创始人背景示意图

37 强社群的地域完全分布于北京、上海、杭州、深圳、香港，与这 5 个

一线城市的移动互联网水平高度相关的，除了一个特例之外。如图3—2
所示。

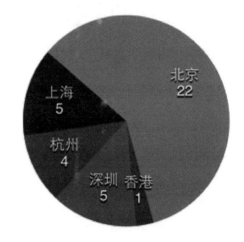

图3—2：社群37强地域分布示意图

从上面的分类与数据说明中可以看出来，大部分的社群只是一个"话题
集结体"，社群的成员为"话题的参与者"，社群的组织方为"话题的发布
者"，社群从某种意义上说，是一个"百度贴吧"与"微博话题"的升级版。
话题的参与者还是那些喜欢上网的网民，所不同的是：社群有固定的组织方，
话题参与者不再是所有公众，而是某个特定的群体，话题的选择也根据群体
变得更加个性化或者更有隐私性。但这并不等于说社群就是"圈层"。

这些仅靠"共同话题"聚合起来的社群集合体，没有核心价值观的引导
和维系，无法形成一个稳固的集合。社群的成员们是一群"乌合之众"，大
家不知道要干什么，不知道彼此是谁，你有怎么样的价值观，你认同怎么样
的人和怎么样的事情。社群就像是"散客们"的集散地，喜欢这一话题的网
民在此暂时"驻留"，进行着单纯的信息分享与传播，而一旦话题失去吸引

力，便转身离开，寻找下一个驻留地。

社群的生存现状如何？做这几个方向的社群活了下来。如图3—3所示。

图3—3：社群生存发展方向

从上图中可以看出，经过几年的发展，活下来的社群已经从"兴趣型话题"向"功能型话题"转移，这表明社群的吸引力已经在减弱，只能依靠提供功能来勉强维持。而当"功能性"也无法吸引人们的时候，这些社群也将面临"死亡"。

这些"社群"活得很好。这些"社群"已经不再是做社群经济，而是在做圈层商业。它们已经有了自己的核心价值观，而不仅仅是一个"话题"集结体，因而也就有了凝聚力。

例如：罗振宇的"罗辑思维"，并不仅是一个单纯的知识分享平台。如果罗振宇仍是一个"书本知识搬运工"，扮演"替别人读书"的角色，最后也会沦落为"开卷八分钟"那样，成为一个不温不火的节目。正因为罗振宇将"罗辑思维"定位为"有种有趣有料"，对他讲的题材，有了很明确的好恶态度，才使"罗辑思维"有了凝聚力，形成了一个圈层。

再例如吴晓波的书友会一样。吴晓波在开通微信公众号300天的时候用一篇文章对社群进行了"救赎"。在吴晓波看来，他的这个社群以及社群里的人，需要具备四点特质：一是认可商业之美；二是崇尚自我奋斗，我们都是一些个人主义者，都是相信民主、相信自由、相信市场力量的人，我们只

相信自我奋斗的人，我们不相信任何的集团，不相信任何的政党；三是乐于奉献、共享；四是反对屌丝经济。这也就具备了社群向圈层转变的条件"核心价值观"。

3. 网红经济有价值，因为我们有了共同意志

2010 年 3 月由陈欧创立的美妆品牌聚美优品，初期走的就是网红模式，打造自己的圈层商业。

聚美优品本质上是一家垂直行业的 B2C 网站。从最初每日一件限时折扣团购模式到如今每日多件产品限时抢购，在品类管理上主要以推荐明星产品搭配其他产品进行销售。现在已经成为中国最大的化妆品限时折扣网站，在化妆品团购的市场份额已达 60％ 以上。在 2010 年 9 月，为了进一步强调团美网在女性团购网站领域的领头地位，深度拓展品牌内涵与外延，团美网正式全面启用聚美优品新品牌，并且启用全新顶级域名。而在 2010 年 5 月 16 日，聚美头顶中国在线美妆第一平台和连续七个季度盈利的光环上市，一时风光无二，但回首来时路，却可以看到其资源极其匮乏、曾为生存拼命支撑的一面。这也是很多创业者必须经历的局面：融资比不上老江湖，资源比不上背靠大树的同行。如何生存下去？陈欧走了一条与其他美妆电商和品牌完全不同的商业化之路。

陈欧于 2009 年回国创业，拿了徐小平 18 万美金的天使投资，做了游戏广告平台 Reemake。网站在当年的 8 月份上线，到次年 3 月，公司面临困难，

账面上只有 30 万元现金。他们就地转型做了团美网——化妆品团购，随后又转型做化妆品 B2C 特卖平台，成立聚美优品（下称"聚美"），全力推进。2010 年 5 月，险峰华兴注入了一笔天使投资，8 月，聚美开始和 VC 接触。直到 2011 年 3 月，红杉资本 600 万美金的 A 轮投资到位。

从开始做聚美优品开始，陈欧吸取了第一阶段做游戏平台 Reemake 的问题，没有锁定核心圈层，商业收益不稳定，所以从这个时候开始，陈欧就开始进行圈层商业的运作，陈欧加入"非你莫属"，开始见诸各类媒体，走出 CEO 自我营销的第一步。2011 年 8 月，第一版"为自己代言"广告面世，通过"我为自己代言"，将聚美的圈层锁定在"办公室女性白领"群体，迅速取得成功，聚美超越乐蜂网，成为化妆品垂直电商第一名。到 2012 年初，聚美的规模已是乐蜂的两倍。

陈欧的聚美广告，感动了非常多的办公室年轻的女性白领，陈欧成了自强奋斗的代言人："你只闻到我的香水，却没看到我的汗水。你有你的规则，我有我的选择。你否定我的现在，我决定我的未来。你嘲笑我一无所有，不配去爱，我可怜你总是等待。你可以轻视我们的年轻，我们会证明这是谁的时代。梦想是注定孤独的旅行，路上少不了质疑和嘲笑，但那又怎样，哪怕遍体鳞伤，也要活得漂亮。我是陈欧，我为自己代言。"

2014 年 5 月，聚美登陆纽交所，市值超越 30 亿美元。

陈欧成为了一名网红，他用他的颜值，更用他的信仰代表了一群人，成功聚合了在都市打拼的年轻白领们。他理解她们的艰辛，肯定她们的努力，重视她们的价值。让这群在都市拼搏的年轻女性们有了共同的意志，共同的价值观——自强不息。所以，网红经济不等同于粉丝经济。粉丝经济只是

"徒有其表"，明星还是明星，而网红则能"深入人的内心"，我也可以像明星一样生活。

即使是网红的鼻祖之一"芙蓉姐姐"和"凤姐"，也一样代表着某一个群体的价值观，聚合了一群人的"共同意识"。虽然她们受到很多人的诋毁，但她们仍然代表了草根也能成为明星的愿望。她们敢想、敢说、敢做，她们具有强大的自信心，不在乎人们的嘲笑。这样的价值观将她们的受众群体聚合成了一个圈层。亦让推手尝到了甜头……

网红发展到现在，严格来说，已经不再是网红的概念，而是某个圈层的代表，并经营着自己的圈层商业，他们更加专注内容的分享，而非单一的图片或者话题炒作。与此同时，现在也诞生了大量的网红达人，达人跟红人的区别就是达人在特殊领域具备一定的专业性，红人往往不需要什么专业性直接就一炮走红。但现在达人跟红人的定义越来越相似，这是互联网扁平化的结果，互联网的世界变得越来越简单，网红变现的模式也非常简单，一般通过社交媒体吸引粉丝，粉丝可以卖广告、卖电影、卖服务、卖产品、任何不违法的东西都能卖。

网红从某种意义上来说，已经是一个泛名词，因为最近媒体营销圈流行的叫法，比如 kol，段子手，自媒体，意见领袖，都可以称之为网红。比如电商自媒体最大的网红就是@龚文祥，@吴蚊米等，@杜子建曾经从事微博营销，现在形成了一个特有的商业圈层，通过卖酒进行商业变现。吴晓波曾经说："就在过去的一年里，我们看到，李东生减肥成功，为 TCL 代言，方洪波换了一副很潮的眼镜，为美的代言，就在本周二，联想在深圳发布 Think-padX1，一向腼腆的杨元庆也开始为产品代言。企业家的个性被强烈地投影到产品中，成为品牌个性的一部分。董小姐（即董明珠）走得更远，在这个时期，她居然还开通了自己的自媒体。"

人格认同感，部分替代产品功能，成为了新的用户黏联和购买理由，这在产品过剩和注意力缺失的时代，无疑具有试验性的意义。

网红经济能够成功，就在于它赋予了"群体"共同的意志。有了核心价值观的引导和维系，网红才能够形成一个自己的"圈层"。

网红是圈层中的高水平个体，是极具价值的联合创造者。这部分人中的一部分之所以会成为佼佼者是因为他们比其他人更有能力。

三、圈层赋予了我们前所未有的力量，足以影响商业的发展

当这群有共同意志的人们不断聚合在一起，就能够凝结成一股强大的力量。这股力量重新解构了现有的商业格局，使"我们（曾经的消费者们）"渐渐占据了商业的主导权，我们不仅拥有了话语权，甚至还参与到了商业的所有环节中去，逐渐改变传统的产品生产与制造模式。圈层把我们的地位提高到了一个从未有过的高度，几乎控制了商业的"生杀大权"。商业因为个人的圈层化，必然也需走向圈层化才能满足圈层的需要。我们谁都不希望和一个不懂我们的"梗"、不懂我们的审美与我们不合的人在一起。

1. 圈层让我们有了话语权

圈层商业来临前，我们虽然有各自的心声和需求，但当我们的想法与大众思维不一的时候，为了避免成为一个"异类"，个体意识只能埋没于大众中。如今，可能现在我和大家不一样，但是只是因为我没有找到合适的圈层，总有和我一样的人。圈层商业来临后，相同价值观的个体完全可以找到自己的同类，渐渐汇聚成了一股声浪，爆发出强大的势能，让原本隐藏的小众需求浮出了水面，为人所知，并在"曝光"之后吸引越来越多的"同仁们"加入圈层，加快流行的速度。

就拿大家对"帅"的界定来说，几年前刘德华还是大家公认的帅哥，一直被当作"帅"的标准。那一时期涌现的帅哥如吴彦祖、郭富城、古天乐等基本都属于这一型。但不同人对"帅"的理解，是不可能完全一致的，"小众审美"只不过潜藏在个人心中，因为仅仅是个人力量还是不够的，没有聚集成圈层，就无法形成强大的声浪，因而不为人所知。

但在圈层商业时代，不断汇聚而成的强大圈层，使每个人都拥有了"发声的权利"。"帅"再没有一个统一的标准，不同圈层对"帅"的理解，甚至可以大相径庭，诸如以鹿晗、吴亦凡为代表的"小鲜肉"圈层，以吴秀波为代表的"帅大叔"圈层，以张根硕为代表的"美男子"圈层，以陈柏霖为代表的"暖男"圈层，以"卷福"为代表的"高智商怪咖"圈层等等，不断刷新并颠覆着传统一代审美观的底线，受到更多元化的喜爱和热捧。

圈层商业将社会上的人们按照各自的价值观及潜在心理，进行了重新的"组合"，将拥有共同价值观的个体集结成一股声浪，让每个人都拥有了自由发声的权利。圈层里的人，不在乎圈外人认不认同，理不理解，喜不喜欢，他们可以充分表达自己的意见和喜好。

举个例子，在 A 站、B 站没有出现前，当二次元文化还没有形成圈层前，喜欢二次元的人们生活在一个这样的状态——隐藏自己的内心，装作一个

"正常人"。这恰恰是兔丸（网名）——一名二次元爱好者的切身体会。

《叛逆的鲁路修 R2》第二季女主角夏利死的那会儿，正在读大学的兔丸在人人网上写了篇影评。影评的原委是自己很受感动。但悉心制造的气氛很快被现实世界里的朋友打破了，他们留言说兔丸"真是一个纯真的小姑娘"。

在这群喜欢二次元的小众人群身上，这类平常言语的伤害点数时常出乎意料。兔丸没有注销人人网，却有意将它降格为真实世界社交的工具，反正她在这里的大多数朋友不看动画不知剧情，只是对另一个世界急切地指指点点。

但临走前，兔丸还是搜罗了一众动画《黑塔利亚》同好，把他们从人人网上抽离加进了一个 QQ 小组。这里足够隐秘，再不会有人在谈论动画时，摆出一副大人模样，把明星八卦、军事枪炮、文史哲这类"奇怪"的东西混进来。

身边"大人"的数量从高中开始就日益增多，他们纷纷从《美少女战士》、《七龙珠》、《魔卡少女樱》走出来，但兔丸发现自己还是"沉迷"在动画里。成为这样一个"异类"，有 Facebook、豆瓣、人人网、新浪微博、百度贴吧和 QQ 可以藏身，兔丸一度以为，大概不该要求更多。

但是在 A 站、B 站出现后，一个专为 ACG 文化打造的平台出现了，在这里喜欢二次元的人们聚集在一起，他们可以自由的交流，不会被非议或者遭遇尴尬，还可以找到同好。没过多久 B 站火了，2014 年 7 月 B 站的活跃用户已经超过了 3000 万，这个数字接近"人人网"赴美上市前的活跃用户数。随着用户群体的扩大，B 站渐渐被人所知，二次元文化也"浮出了水面"，越来越多公司加入二次元的领域，有越来越多二次元相关的产品诞生，让二次元的群体有了话语权。

或许你觉得生活中像"兔丸"这样的"异类"只是少数，但实际上我们每个人都是某个方面的极端另类者，不管我们以为自己多么主流。例如，你有可能在电影方面非常主流，但在音乐方面就不那么主流，在阅读方面就是个十足的另类。不仅如此，我们在另类兴趣领域的投入，往往远超其他领域。而正因为圈层赋予了我们话语权，才使得越来越多的小众兴趣，小众文化为人所知，组成了不亚于主流文化的繁荣市场。

2. 你的圈层可能比你更了解产品

你的用户一定比你更了解产品，这已是一个不争的事实。在埃里克·冯西贝尔著的《民主式创新》一书中，曾提到"富有创新精神的用户能自己将真正想要的东西制造出来，而不是让制造商代为完成（大多数时候不尽如人意）。"例如，风帆冲浪板刚制造出来的时候，谁会想到在风帆冲浪板上加上绑脚带？绝不会是厂家，而是风帆冲浪运动的精英选手，他们在使用冲浪板时，发现经常会在半空掉下来，因为冲浪板没有办法和身体固定在一起。很快，运动员尝试加上绑脚带，不久后，制造商才开始生产有绑脚带的产品。那么为什么商家不早一点听取用户的意见呢？因为个人是不可能被赋予权利的，只有集结而成的圈层才拥有强大的力量。

而拥有话语权仅仅是圈层用户的第一个权利。就像前文所提到的，我们已经处在了一个信息知识的时代，我们每个人都是信息工作者，而由于每个

人所拥有的信息不一致，我们都可能成为某个领域的"专家"。在圈层时代，商业的一个最大优势就是，你能够把这一领域内的"专家"都尽可能地聚集在了一起，让他们"发光发热"。因为，在圈层商业中，你聚合起来的消费者，尤其是"核心圈层"，他们都是这一领域内的狂热"粉丝"，或者疯狂的"发烧友"，他们对这一产品的研究已达到了"走火入魔"、"如痴如醉"的程度。并且，他们能够从用户的角度去思考产品，这是他们本身就具有的绝对优势。

正如47岁的劳里——法国的一家经销家具半成品及零件的大型仓储式超市的CEO所说的，在她公司工作的员工都具备一定的专业知识，但有时一些消费者对产品服务的了解比他们还要到位。就像B站一样，B站的员工，甚至B站的管理者、创立者，都未必比B站中的"UP主"们更了解二次元文化。2010年B站刚刚更名的时候，正是由当时知名的UP主制作的一个春节拜年视频（二次元"春晚"），才让B站有了点知名度。也正是由于这些UP主们，像熟知路线的"老司机一样"，从YouTube、日本弹幕视频网站Niconico上"搬运"资源，才重新创造了新的ACG文化，使B站能够逐渐发展壮大。

再来看看特斯拉，它不打广告，没有4S店，保养费很贵，但仍然有人排队购买。因为特斯拉颠覆了很多人对于电动车的概念，它够酷且性能卓越，同时它代表了汽车行业的"创新精神"，以此吸引了一群电动汽车的"发烧友"。而马斯克更为他们创造了一个科技创新的平台，公开了所有的专利技术。马斯克表示，他并不知道重大突破会在哪里出现，到现在他也不知道：或是来自市场中新兴的电动汽车，或是来自美国、欧洲和亚洲的汽车厂商，或是来自工程设计专业的博士，或是来自自学成才的业余汽车爱好者。但不管怎么样，一定是来自特斯拉聚集起来的这一科技创新圈层，来自电动车的"发烧友"。

3. 你的产品由你的圈层决定

由个人集结而成的圈层不断推动着商业的民主化，企业将不再"独揽大权"自个儿决定生产什么或者不生产什么，而将决定权转移给圈层，圈层则利用个人的特性，通过组织和资源分配，最终将其转变成社会最大的财富。人们不再是"消极消费"，他们参与到对自己有意义的产品的创造和开发过程中。而互联网带来的便捷性，更加速了这场"商业民主运动"，并逐层渗透，逐渐席卷几乎每个我们能想到的行业。

把产品交给你的圈层，因为这些聚集起来的"专家们"，不仅比你更了解你的产品，并且对其具有浓厚的兴趣，渴望分享他们的消费主张，或者更想借此表达自己的情感。那何不让他们参与到供应链上游活动（如采购、设计甚至制造）的决策，参政议政。用户的需求发生变化，那么品牌商的沟通诉求自然也要随之改变。生产者和消费者的边界正在融合，"产销合一"已是大规模的事实。圈层商业不仅仅只是用户间的聚合，也是有共同价值观的用户与生产商之间的聚合。未来的商业，将不再区分生产者和消费者，而是按一个个圈层来加以划分。C2B 时代的到来已经预示了这一变化的开端。

所谓的 C2B（Customer to Business），实质就是圈层商业。聚合而成的

"圈层消费者"先提出个性化需求，企业再按照需求进行生产。这样的发展模式，一方面让企业可以精准地聚合大量订单，实现规模定制，另一方面也让消费者以较理想的价格，满足个性化需求。通过 C2B 模式，不仅美食、服装、家具、家电可以定制，甚至旅游、装修也都可以。C2B 时代，我们面对的客户将不再是"小白客户"，而是聚合而成的"圈层消费者"，他们数量庞大，同时非常清楚自己的喜好和需求，让企业无法漠视。2016 年将会是 C2B 模式的爆发之年。

我们能在过剩产能中找到丰富的资源，平台能够组织、简化、利用群体的资源。这一过程中加快了学习进度并宣称新的发现；通过推动大众作为联合创始人，能够将激情、智慧、本地化、定制化的应用整合成为充满弹性的丰富系统。因为各个部分形成了一个整体，所以每一部分都可以比以往发挥更大的作用。

阶段一：圈层消费者可根据自身需求决定价格和产品。

在 C2B 到来的圈层商业时代，圈层消费者拥有的话语权，使他们能够将自己的喜好和需求"传递"给企业，从而影响企业对产品甚至是对价格的决策。在国外已经有了为此提供服务的平台。这些平台，首先瞄准某一目标圈层，搜集他们的需求和心理价格，当聚集了足够数量的消费者后，向企业进行谈判，使企业在确保自身利润的前提下，满足群体提出的条件，交易成功后，平台从中抽取一部分的费用作为服务佣金。

来看下面几个比较成功的案例：

第一个例子是 ScoreBig。这是一个为"狂热粉丝"服务的售票平台，主要向喜欢看运动比赛、演唱会、音乐会等各类活动的狂热粉丝们，出售门票。但与其他售票平台不同的是，在 ScoreBig 预定门票时，除了输入时期，数量，及希望的座位外，还需填写一个期望价格，既"Name your price"模式。买家可以根据活动的票面价格，给出一个心理预期的折扣，折扣率范围为 10% 到 60%，买家可以自主选择。然后，场馆销售、分销商或者手里有余票的人则可以根据出价情况表示接受或拒绝交易。这样既没有损坏运动比赛等活动的品牌效应，也不会蚕食零售票务市场，同时又提高了观众的上座率。

ScoreBig 的首席执行官亚当·肯纳（前 NBA 市场营销总裁）估计：年规模 250 亿美元的现场活动市场上，约有 40% 的门票都未能售出，也就是损失了近 100 亿美元的收入。ScoreBig 的用户能省下不少钱，但需要放弃灵活选择权。他们不能选择具体的座位，而只能按照大体位置出价，不过在最终买单之前用户可以了解自己的座位在哪。实际价格同样是隐藏的，竞价者可以看到某个区块的平均价格，以及其他人获得的折扣有多少。如果出价太低的话，该用户在 24 个小时之内都不能重新对该活动中的同类座位出价，不过他们仍可以尝试其他级别的座位。

ScoreBig 的创始人的 Adam Kanner（前 NBA 市场营销总裁）表示，Score-Big 主要面向的是狂热的粉丝们，一方面他们数量庞大，经常"抱团"观看比赛，这样能够提高门票预定的成功率。另一方面他们也确实有这个需求，因为为了负担经常看比赛或者演出的费用，他们需要想方设法地降低票价，同时也为了让更多的人能够到现场去感受氛围，从而培养下一代消费者。而事实上，ScoreBig 确实很大一部分的销量是来自于狂热的粉丝，而不是普通大众。

ScoreBig 目前虽然还是一家只有 60 多名员工的创业公司，但它已成功进行了 3 轮融资，总额达到了 2400 万美元。

ScoreBig 的成功并不是一个偶然，因为它有一个稳定的圈层，来维持它的增长。如果失去圈层，用户就仅仅只是普通的消费者，丧失了话语权。企业也就无法获得稳定的发展。

第二个例子是 Name your price 的始祖 Priceline 转向 O2O。Priceline1998 年由美国企业家 Jay Walker 创办，以其独特的商业模式 "Name your own price"，开创了 "消费者经济" 的先河，并受到了资本市场的追捧，拿到 1 亿美元的融资。其创始人 Jay Walker 未雨绸缪，将 "Name your ow nprice" 商业模式申请了专利，以至其竞争对手在 20 年内不能使用该模式。此举封闭了一众效仿者的后路，抬高了它的准入门槛。"Name your own price" 的模式允许消费者通过网络向 Priceline 提供自己能够接受的价格底价，由 Priceline 负责从数据库或供应商网络中匹配符合消费者预期的产品，如果一次匹配不成功，系统则会提示消费者修改相应的指标和参数以增加匹配概率。

Priceline 是典型的消费者经济，一开始通过与航空及酒店的合作，可以帮助航空公司处理 "有效期" 内的剩余机票，也可以帮助酒店销售当日结束前的剩余客房。

但经过这几年的发展，目前 Priceline 的反向定价业务占其销售业绩的比例已不到 20%，从现有的市场呼声来看，其实是噱头更大于实质。Priceline 的发展方向已转向了本地的 O2O 市场，最近还增持了携程的股份。

Priceline 是一个面向大众消费者的平台，虽然它首创了 "Name your own price" 的经营模式，但它没有特定的圈层，也就不易形成 "规模效应"，没有"规模效应"的支撑，企业就难以拿到价格优势以满足消费者的价格需求。

"Name your own price"用户自由定价，是圈层用户影响并参与企业决策的一个开始，一个最初始的阶段。随着圈层商业的发展，圈层用户的价值进一步得到了重视，他们开始影响并决定产品的设计。

第三个例子是只做"酷生意"的T恤公司threadless。这是一家半服装生产商半社交网站，因为生产的T恤而一炮成名。它锁定的消费群体是喜欢街头文化的"酷青年"，与其他服装生产商不同的是，在这里，哪些T恤能被生产出来，是由它的消费群体决定的，T恤成为了这些性格张扬的"酷青年"展示自我的载体。Threadless也因此一举成名，被称为"T恤之王"。

Threadless每周都会在其官网上举行设计竞赛，让草根艺术家们在网站上传自己设计的T恤图案，然后由网友们进行投票，并按5分制进行打分。最终，只有得到最高票数的10件作品会被印在衣服上，每件售价从18到24美元不等。Threadless将T恤外包生产，每个图案只生产1000件，只有网站订购数量达到了一定的数额，T恤才会正式被安排入生产线进行批量的生产。每个星期Threadless大概会接到1000件以上的设计，几十万的社群会员票选接着再生产上市，并且是绝版独特设计的上衣T-shirt。中标的艺术家能获得2000美元的报酬和500美元的网购代金券，他们也会把热门的T-shirt的版税支付给设计师。

并且为了制造有效的圈层黏性，他们设计了一套奖励措施。例如，用户上传一张本人穿着ThreadlessT恤的照片，就可以得到1.5美元的购买信用。如果推荐朋友购买一件T恤，推荐者则能得到3美元的购买信用，从此培养

出更高的黏性。

Threadless 的经营方式创造了一个三赢的局面，设计者的创意得到发挥，消费者买到了称心如意的商品，而 Threadless 省下了雇佣设计师的费用，而且它只生产获得足够订单的产品，几乎不可能亏损。

Threadless 的成功，最重要的一点是它已经聚合了庞大的街头文化圈层，这一喜欢张扬及热爱展现自我的群体，并赋予了他们决定权。如果这个平台面向的是大众市场，推出的服装类型是多种多样的，那么 Threadless 就不一定会取得今天的成绩。因为来自不同圈层的声音，不同人们的审美观，是无法统一到一起的。这些零散的，分化的选择，难以达成统一的意见，最终还是要靠商家来决定，那么也就无法实现企业预期的效果了。

第四个例子是美丽说。女性垂直电商平台美丽说已在尝试服装定制生产模式：通过收集用户购买意愿反向指导生产环节。目前美丽说在通过其微信服务号做这一尝试。与 Threadless 一样，美丽说展示了一系列由买手挑选的品牌同款或者明星街拍同款服饰，用户可以为自己喜欢的服装点赞，当点赞人数达到一定规模之后，美丽说将对该款服装进行生产。

2014 年年底，美丽说正式宣布推出自有品牌"MUA"和"首尔站"，将目标定为"中国版 ZARA"。美丽说这次推出的"定制版"，很有可能就为自有品牌做铺垫。美丽说称，其将自己筹备板房、组建设计师团队，自己挑选面料并设计打版，用户点赞达到一定规模的服装，再找合作工厂进行生产。

但是据亿邦动力网查看美丽说两个自有品牌的旗舰店，发现二者销量都不太理想：MUA 旗舰店目前总共上架 9 个商品，其中最高销售量为 29；首尔站旗舰店目前总共上架 42 款商品，其中最高销售量为 295，与美丽说平台的其他热门店铺差之甚远。

阶段二：圈层消费者参与产品的研发、设计、生产。

团购、预售属于浅层的 C2B，圈层用户们只是参与了浅层的商业决策，没有重构供应链。随着圈层商业的进一步深化，圈层用户们不仅是对企业提供的产品做出选择，还能够参与到整个供应链中，从产品的研发、设计阶段开始，就融入自己的需求，发挥"专家"的作用。而这也是圈层带给人们的前所未有的权利。在这方面，与"米粉"发烧友共同打造的"小米手机"是个典型例子。

从 2012 年 4 月 6 日开始举办的米粉节，成为小米核心圈层（米粉）的一次大狂欢。2015 年小米米粉节，小米宣布已经支付的总订单金额突破了 20 亿元，手机销量为 204 万台。这一数字已经超过了去年天猫"双十一"全天 189.4 万台的记录。

如果单纯从产品的外观，设计，生产工艺、配置方面来讲，联想手机，甚至 TCL 手机都未必输于小米手机，但是由于小米从开始做的就是圈层经济，而不是一传统的手机制造销售商。

小米手机所谓的粉丝，并不仅仅只是粉丝，他们是追求极致，追求发烧，追求快的这种价值观、态度的粉丝。他们是追求极致、追发烧的这个圈层。他们有着独立的人格和价格观。

小米手机还没有推出手机前，先做的是 MIUI 系统，MIUI 是基于安卓深度定制的一款操作系统。他们做 MIUI 时就有一个疯狂的想法，能不能建立一个 10 万人的互联网开发团队？而当 MIUI 团队仅仅只是 20 人的一个小团队。

一个企业是不可能建立自己发工资的 10 万人的开发团队的，如果要建立 10 万人的开发团队，唯一的方法就是让用户参与进来。

小米为了打造研发层面的磁力效应，设计了一个"橙色星期五"的概念，让用户深入参与到产品研发过程中。小米的做法是让 MIUI 团队在论坛和用户互动，系统每周更新。

在确保基础功能稳定的基础上，MIUI 把好的或者还不够好的想法，成熟的或者还不成熟的功能，全部坦诚的放在用户面前。每周五的下午，伴随着小米橙色的标志，一版的 MIUI 如约而到。

随后，MIUI 待在下周二让用户来提交使用过后的四格体验报告。一开始 MIUI 就收到上万的反馈，到现在，每期会有数十万的用户参与反馈活动。通过四格报告，可以汇总出用户上周对哪些功能最喜欢，哪些觉得不够好，哪些功能正广受期待。MIUI 内部还设置了"爆米花奖"，根据用户对新功能的投票产生上周做得最好的项目，然后给员工奖励。奖品就是一桶爆米花。以及被称为"大神"的荣誉感（大神是科技界对非常厉害的人的称谓）。

MIUI 让开发团队和用户通过论坛零距离接触，做得好的功能得到用户表扬，团队自然很开心；当一个产品经理和工程师负责的功能被用户吐槽甚至大骂的时候，他们自然而然地会加班加点的去全力以赴的改进。

MIUI 通过论坛建立起了 10 万人的互联网开发团队，团队核心是官方的 100 多个工程师，核心的第一圈层是论坛人工审核过的有极强专业水准的 1000 个荣誉内测组成员，第二个圈层是活跃在论坛上的 10 万个对产品功能改进非常热衷的开发版用户，外围圈层是数千万级的 MIUI 稳定版用户。

这样的圈层模式，形成了强力的磁力效应。小米和用户互相融合，使

MIUI 完成快速迭代的同时，圈层磁力越来越强，黏性越来越大。

要想进行创新并具有创造力，就要依靠圈层化中每个个体的力量，公司需要做的就是引导消费品和服务的最终生产，即在想法和大众产品之间搭建一座桥梁。所有参与的会员，即发明者和影响者，将会根据他们在一个成功产品的创作经历中所扮演的角色在这个圈子里赢得尊重。

4. 圈层化的产品快速流行

圈层化的产品已经有了精准的用户设定，稳定用户的积累，并足够了解及满足圈层用户们的需求（圈层用户们决定了产品的价格、设计，甚至已经参与到了产品供应链中。），用户有了极高的忠诚度。因此，只要产品没有太大的质量问题，圈层化的产品就能迅速流行起来。

就拿前文所提到过的"T 恤之王"Threadless 来说，因为只生产消费者确定会喜欢的那些东西，它从成立之初就一直保持盈利状态。网站每月可卖出6 万件 T 恤，每周都会收到 75 万条左右的评分，迄今为止还没有一款 Threadless 的 T 恤是失败的，每件最后投入生产的设计都被抢购一空。

不单单是实物产品，影视作品、明星也都一样，只要符合圈层用户需求的产品一推出，都能快速流行开来。比如《纸牌屋》。

美国第一部由网络视频公司发行的政治剧《纸牌屋》第一季上线后火爆异常，不仅获得好莱坞很多专业奖项的肯定，更赢得了无数忠实的粉丝。《纸牌屋》的出品方兼播放平台 Netflix 在一季度新增超 300 万流媒体用户，第一

季财报公布后股价狂飙26%，达到每股217美元，较去年8月的低谷价格累计涨幅超三倍。这一切，都源于《纸牌屋》的诞生是从3000万付费用户的数据中总结收视习惯，并根据对用户喜好的精准分析进行创作。

《纸牌屋》的数据库包含了3000万用户的收视选择、400万条评论、300万次主题搜索。最终，拍什么、谁来拍、谁来演、怎么播，都由数千万观众的客观喜好统计决定。从受众洞察、受众定位、受众接触到受众转化，每一步都由精准细致高效经济的数据引导，从而实现了用户需求决定生产。

这与近期在中国发生的"鹿晗现象"几乎如出一辙。著名财经作家吴晓波曾在他的一篇文章《知道鹿晗的请举手》里，用"鹿晗现象"说明了圈层商业引发的快速流行现象：

百度在对2014年度"男星品牌数字资产"一项进行大数据计算的时候，根据数字内容量、关注度、参与度三大维度的综合评估，鹿晗这个名字从数以千计的明星中脱颖而出，名列第一。当百度在新浪微博公布这个结果后，短短一周内，这条信息的阅读量居然高达1.2亿条次。在北京举办的另一场颁奖盛典上，现场几乎被上千名鹿晗粉丝"占领"，门票被黑市炒到5000元一张。鹿晗在8月19日，发出的一条新浪微博，单条评论数达1316万条，创下吉尼斯世界纪录。

"知道鹿晗的请举手。"在吴晓波先生的课堂上，曾经向现场同学们提出过这样一个问题。然而，无论是五六十人的MBA课堂，还是一两千人的大讲坛，举手的人从来没有超过5%，而同时，在不同的小角落，则会发出年轻的惊呼和笑声，这好像是一个"暗号"，瞬间达成了某种默契。

这是一个正在发生的、非常有趣的事情：一种新的互联网造星模式开始冲击中国的娱乐经济。从大数据的角度看，鹿晗不是一个独立事件。鹿晗以及"90 后"明星的集体跃起，是 2014 年的一个公共文化现象。我们把他称为"鹿晗现象"。

"鹿晗们"的造星路径，与以往的大众偶像明星有很大的不同：

首先，找到自己的族群，建立圈层。过往的明星制造路径，基本上延续了"演艺产品——大众媒体关注——话题营销"的三部曲，可是"鹿晗们"则大大缩短了发酵的过程，他们首先是在社交媒体里实现精准粉丝的聚集，而其渠道则是贴吧、QQ 群、微信朋友圈、微博名人排行榜等等，在形成了相当的粉丝群体后，再反向引爆于大众媒体，这一路径颇似几年前的"小米模式"。在这一生态中，明星与粉丝达成了直接的沟通关系，原有的经纪、代理模式很可能被抛弃。

其次，只在自己的族群中"发酵"。从表象上看，"鹿晗们"的流行与很多年前的小虎队非常近似，可是，实质则有很大的差异。后者，走的是大众消费的路径，一夜成名，举国男女老幼皆知，前者则较长时间发酵于特定的属性人群中，即便在某一圈层中已俨然成"神"，可是在圈层之外，却完全无感。也就是说，鹿晗粉丝圈的内向性很强，族群特征更鲜明，甚至与之前的"玉米"相比，更具有纪律性，明星能够展现才艺的空间也变得空前的跨界多元，与此同时，其流行的生命周期将变窄，对其他圈层的渗透力则有待考验。鹿晗发一条微博，可以引发一波在流行，甚至短短几天创造吉尼斯世界纪录。

这种鹿晗现象，将入侵到我们生活的方方面面。它快速流行，流行到当你知道后，你一定会惊讶，但是你之前却不知道它在流行。

四、圈层时代——小众的
"逆袭"开始了

决定产品的价格、设计,参与到供应链上游活动(如采购、设计甚至制造)的决策中,参政议政,还只是圈层消费者们对企业内部产品生产方面的影响。圈层消费者们发挥的作用不仅限于此,他们还影响了整个消费市场。宝洁近日发布了 2016 财年第一财季业绩报告称,在截至 2015 年 9 月 30 日的一季度中,公司经营收入从去年同期的 187.71 亿美元下滑 12% 至 165.3 亿美元,其中 12% 的跌幅为宝洁过去 7 个季度以来最大跌幅。而一些"莫名其妙"的小众消费市场,却开始火热起来。大众消费市场正在逐渐萎缩,小众的"逆袭"开始了。

1. 我们是"小众",但我们不需要你的肯定

圈层消费者们已开始影响市场的走向。他们有旺盛的需求,他们想要的

并不是大众产品。并且，他们不在乎别人的眼光和评价，就算在大众眼里这是一个"垃圾产品"，他们也照买不误。而且这些圈层消费者们的购买行为是疯狂的，他们愿意为这个别人眼中的"垃圾产品"付出超额的费用。当这样一群人聚合在一起的时候，他们对市场的影响是颠覆性的。在这之中，差评不断的 Beats 耳机为何"愈挫愈勇"值得研究。

Beats 耳机从生产出来开始到现在，就一直差评不断，不断被"黑"。它有做工粗糙，音质差强人意，重低音过强等多种毛病。工程师艾弗里路易还曾将一副售价 199 美元的 Beats Solo HD 耳机进行了拆解分析，发现包括开模和生产单个部件费用在内的材料总成本只有 16.89 美元，占零售价格 8.5%。（其中不包括研发、劳动力、运输和零售利润加成）艾弗里路易在报告中还特别强调了被认为是耳机最重要部件的扬声器价格，他指出 Beats Solo HD 的两个扬声器生产成本只有 1.8 美元。

但这一饱受"差评"的耳机却成功风靡了世界，甚至超越索尼、BOSE 这些传统的大品牌，现在被苹果以 30 亿美元的天价收购。这其中最重要的一点就是 Beats 的圈层文化，而这些是我们普通大众无法理解的。因为这款耳机原本就不是针对大众音乐爱好者设计的，而是针对喜欢听嘻哈音乐的小众群体。

Beats 耳机的创建者——美国知名饶舌歌手 Dr. Dre，观察到市场上还没有一款专门面向嘻哈音乐群体的耳机，于是经过几年的研究制造生产完成，才有了第一款面向嘻哈音乐爱好者的耳机——Beats 耳机。在外观上，Beats 耳机简洁的设计、鲜艳的色彩，符合嘻哈年轻人的"潮"文化，使 Beats 成为户外、出街的必备利器。音质上，超强的重低音效果也更适合嘻哈的曲风。

在品牌宣传上，Beats 还为年轻人热捧的流行音乐明星 LadyGaga、贾斯汀·比伯、权志龙等独家定制耳机，成功引领了"潮"文化的潮流，使 Beats 耳机成为了潮流文化的构成元素，将喜欢嘻哈、潮文化的年轻人聚合成一个圈层。

虽然 Beats 耳机差评不断，但喜欢嘻哈文化的"潮"青年们，仍然愿意花昂贵的价钱购买。他们不在乎众人对这款耳机的看法，不需要得到众人的肯定。因而，Beats 耳机就算被黑，也一样可以风靡世界。因为我们愿意为我们的兴趣买单，我们愿意为我们被重视而买单。领域冷门不代表消费能力低。

2. 小众市场，一样大有可为

受圈层消费者的影响，有的企业甚至主动放弃了大众市场，做小众市场的生意。但没想到的是，小众市场给他们带来了意想不到的成功。比如靠做"穷人生意"打败沃尔玛的德国零售商阿尔迪超市（Aldi）。

只做"穷人生意"的德国零售商阿尔迪超市，凭着"穷人店"的牌子在德国扎了根。几年内，不仅打败了零售巨头沃尔玛，并且拥有的顾客忠实度令人惊叹，其固定顾客比例高达37%，是食品零售业里最高的。阿尔迪创始人阿尔布莱希特兄弟在总结其成功秘诀时说："我们只放一只羊。无数事实证明，那些想放一群羊的人，到最后往往连一根羊毛也没剩下。"

阿尔迪连锁店明显特点是，阿尔迪舍弃了多样化的风格，相比其他超市动辄上万种的商品，它们只专注在 600 种最常被购买的商品上，这与沃尔玛的 15 万种商品相比，实在是太少了。因为，阿尔迪只出售同一品类中的一款明星产品。在一般的超市里，顾客会发现 16 个品牌的番茄酱，而在阿尔迪只有一种品牌，每种商品只提供一种选择。这样的做法可使单一货品的采购数量比普通超市大，使供货商为他们提供更低的进货价格，进而让阿尔迪保持商品的最低售价。

同时，为了将价格降到最低，阿尔迪还将法定最低 3% 的折扣价格同盟抛开。阿尔迪将能节省的几乎都省掉了，例如，取消了昂贵的商店装饰和相关实施，取消了价格高的广告和那些贵的保鲜类商品。阿尔迪还将租金节省下来，把经营面积尽可能的缩小。

阿尔迪的创始人表示，他们服务对象就是那些中低收入的工薪阶层、无固定收入居民及退休的老人，他们只做"穷人的生意"。在欧洲目前老龄人口的比重已达到 20%。在德国已接近 25%。因而，为适应这些人的需要。阿尔迪的大部分连锁网点设在市中心居民区和各个小城镇。这样，对低收入者、老年人和家庭主妇的采购十分便利，因为他们主要居住在市区和小城镇。

由于精准的圈层消费者的设定，阿尔迪成功活了下来，8000 多万德国人口中约 75% 的居民经常在阿尔迪购物，其中有 2000 万人是固定客户。

消费者地位的提高，个人的崛起和觉醒，已将我们带人了一个全新的商业时代——圈层时代。圈层不分优劣，任何圈层都能成功。圈层是应需求而产生，能满足需求而形成的商业行为就是圈层商业。从个人圈层化到商业圈层化的过程，只需要我们拥有更大的胸怀。

而在圈层时代，企业家们要如何生存和发展，还需要对圈层及圈层商业的本质，圈层的特征有一个更深入的理解。

第四章

看透圈层商业

圈层使社会中的人们，有了一种新的划分方式，这种划分不再仅仅是依靠人们的年龄、职业、经济基础、地理位置、身份地位等等，而是按照人们在精神层面的追求，作为划分标准。就算是不同年龄、不同职业、不同经济水平、不同地区，甚至生活方式上有很大差异的人，只要在精神层面有一个共通点，就有了形成圈层的基础，这为商业化带来巨大的机会。

一、圈层化对商业的六大影响

1. 移动互联与社交网络给用户带来的价值

移动互联与社交网络以人的行为为核心的信息组织方式，赋予了用户前所未有的力量和权柄。这并不是说单个的用户是强大的，而是说用户结成的网络是强大的。分散的用户因快速、实时、紧密、无处不在的网络连接而成为一个强大的整体，用户可以快速找到自己的圈层。企业在这样的商业环境下，不再强势，而变成弱势的一方，如果你还不转化为圈层商业，那么你将渐渐失去与用户的连接点，进而失去用户。2015 年为什么"屌丝"一词如此火？核心原因就是用户拥有了话语权，而互联网社交是以人为核心。

为什么用户会通过兴趣连接成圈层？因为单一的兴趣，是不会受到社会或商业所重视的，只有与自己有相同兴趣群体形成圈层，通过互相的连接产生肯定才能够真正有存在感。这就像著名电影导演、编剧阿尔弗雷德·希区柯克的经典作品《群鸟》中所呈现的意象：单个的飞鸟是微弱而不起眼的，而无边无际的群鸟聚集一处的疯狂攻击，却可以让小镇里很多原本比"鸟"强大得多的"人"陷入灾难和恐慌。这就是圈层连接的力量。

2. "去中心化"和"去中介化"

因移动社交网络形成圈层的用户们所拥有的市场权利越来越大，这一变化对商业世界的影响，集中体现在两大特征上：一个是"去中心化"；另一个是"去中介化"。

去中心化核心在于形成网状连接。智能手机的普及带来了颠覆性的改变：在移动社交网络的情境下，信息的聚合变得无处不在。连接方式越来越多元，越来越便捷。现在，用户不再需要特定的中心来完成自己的生活任务。比如资讯的消费不再需要登录大而全的门户网站，而是通过微博、微信朋友圈，以及微信公众号、今日头条基于兴趣定制内容的客户端来满足资讯需要。

VR（虚拟现实）的出现和普及，会使接入网络的端口更加分散，圈层化将愈加明显。

去中介化的核心在于信息对称。传统互联网时代，消费者需要专家的专业指导。但移动互联和社交网络时代，信息的获取不再依赖于专家意见，用户低关注度产品可以通过社会化网络的"推荐"来完成，而用户高关注度产品，则通过"圈子兴趣"来完成。这也使得企业需要变得拥有媒体化属性。

携程网是最典型的传统网络"中介"，它为用户提供旅游出行相关的服

务，主要就是基于对酒店、航空公司的强大议价能力，其优势地位是通过用户的聚合来实现的。但随着社交网络的蓬勃发展，当酒店、航空公司可以直接与消费者沟通的时候，携程一类公司也就失去了其强势的中介地位。比如丽江的小酒店，可以建立自己的平台形成自己的"圈层"来吸引客户，而不必再依赖携程之类的传统中介。

而 7 天、锦江之星、汉庭这些大型酒店集团，已积累了庞大会员库。随着用户沟通更加便捷、更加低成本，若能更好地运营和挖掘自身的"圈层客户"的价值潜力，完全可以减少对携程、艺龙等平台的依赖。

传统媒介也面临着同样的窘境。企业的广告信息原本需要通过传统媒介传达给消费者，但现在企业大部分的营销沟通，完全可以通过近乎零成本的社交网络来实现。比如小米的销售，不再靠传统的营销传播和分销渠道，几乎完全依靠其构建的"核心圈层"来影响普通用户来完成。

"去中心化"和"去中介化"这两股力量同时也在相互作用和相互影响，彼此相互推动着，带来持续的影响和变化，驱动着商业形态和社会经济往"圈层商业"发展。在社会生活和商业环境中，二者的影响很难完全分开。

3. 兴趣比归属更重要

互联网时代，真正将消费者聚合起来的并不是他们外在的共性和归属，而是他们的兴趣。同一个宿舍的女大学生，可能有的喜欢旅行，有的喜欢小众音乐。对于她们来说，可能网络另一端的朋友，比同一屋檐下的同学有着更多的相似之处。而通过智能手机，每个人都可以接入移动社交网络，无论天涯海角，都有意气相投的朋友同在。消费者更加相信的是"实在"的推荐，朋友的好评远胜过铺天盖地的广告；而连接的便捷性，帮助用户更容易选择其他用户好评的产品。再动人的广告也比不上一个"赞"！兴趣进一步推进了"圈层商业"的到来。

"95 后"，"00 后"人群，他们的父母基本完成了生活财富积累，他们不再需要为物质匮乏担忧，优越环境下长大的他们崇尚个性，与他人不同，兴趣大过天。他们是构建在"60 后"支付能力基础上的主要消费人群，必然带来新的一波商业文明。

4. 对于企业，圈层比细分更重要

在互联网时代，以企业为视角的高傲的消费者细分定位，已经赶不上市场更新的速度了。唯有主动地构建和连接自己的圈层，才有可能赢得成功。小米赖以生存的所谓"粉丝经济"，本质上就是圈层经济，它营建了一个活跃的圈层。"为发烧而生"的研发理念，聚集了渴望优质手机的圈层用户，并且进一步扩展到更多渴望拥有高性价比手机的用户。小米不需要判断谁是我的潜在用户，不需要针对"目标细分人群"开展营销传播。小米的粉丝社区里，聚合的都是它的用户和潜在用户，让其成为自己的核心圈层。

圈层经济将不同于细分市场，细分市场强调的是"迎合客户"，为客户"量体裁衣"，圈层经济则是使企业成为某种领域、某种兴趣、某种价值观的

倡导者，非常主动地做深做精，然后引导客户。共同的兴趣成为建立关系的基础（圈层可以不讲究功能，但是圈层商业还需要提供物理上的解决办法），圈层是关系建立起来的外在形式。在网络世界中，世俗的地位、权势不能说不再重要，但整个市场环境确实更加平等和民主——我要成为哪一个圈层是用户自由的选择。所以，电商最流行的问候方式是"亲"。会说话、有意思、低姿态的草根明星，比只会摆谱的权威大佬更加有人气。被用户当成朋友是难能可贵的，杜蕾斯被亲切地称呼为"小杜杜"，一再蝉联社会化网络营销的冠军。小米则更进一步，从 CEO 到工程师都和用户做朋友，所以雷军说自己是"全员营销"。就是要告诉用户，我们做这个事情，是因为我们和你们是一个"圈层"。

对商业圈层化有新知新觉的全球广告投放巨头 Nike，早在 2013 年就有了一个非常重要的举措，即"社交媒体业务 in－house 化"。也就是说，它将独立运营社交媒体业务，而不再交给广告代理商去运营。Nike 官方的解释是，这将有助于 Nike 更好地了解消费者，并促进他们与消费者的沟通，而且 Nike 也认为数字营销能更好地体现其商业策略，进一步发展自己的"圈层商业"。

5. 对于用户，关联比产品本身更重要

大众化、无差别化的产品已经越来越难以吸引用户。这并不是说大众不再喜欢流行产品，只是用户更希望通过产品来完成自己个性化的需求。在互联互通的世界里，产品逐步成为连接的工具和端口，构建起来的是用户和解

决自己问题的某种服务，是用户和用户之间的联系网络。哪怕如冰箱、电视等传统家电，构建起来的也是家庭成员之间的生活关系。产品本身已经不是那么重要，重要的是对用户关系的构建。智能手机是最具代表性的产品，可能外面看起来都是"土豪金"，但有的手机里大都是游戏，有的却是满屏的工作用 APP。手机的意义，早已不再是单纯的通讯工具，而是构建用户之间亲密关系的网络接口。"圈层化"将让用户更有关联性。

6. 对于企业，圈层更重要

企业组织本身不再像想象中那么重要，对很多企业来说是一件悲哀的事。但这也是一个机会，因为只要还承担着用户关系构建的关键角色，企业就有可能生存和发展。就像可口可乐的自信：哪怕今天所有的厂房都烧毁了，明天还会重新屹立起一个新的可口可乐公司。因为它已经成为一个文化符号，一个关联社会情感的纽带。

产品本身也正在成为一个网络——一个连接着整个产业生态圈的网络。提供给用户的，只是网络共同作用下的一个聚合产物。而且不必一定是网络的"中心"，网络中心之外的重要模块，同样也可以赢得极高的利润和市场。最典型的例子是 Intel 和微软，在用户所拿到的电脑里，Intel 和微软只不过是很小的一个组成部分，人们首先看到的是联想、戴尔、华硕这些品牌，也自然会认为这是电脑上印着的品牌所生产的。但事实上，Intel 和微软却构建了Wintel 帝国，一度瓜分整个 PC 产业 90% 以上的利润。而圈层商业，构建的

就是企业的商业网络。

圈层化对商业的影响已在悄然进行。或许，作为一名创业家、企业家、商业从业人士，你已经意识到了上述现象的发生，但还仅仅只有一个模糊的认识，要想把握机遇，成功实现圈层商业，你还需要对圈层、圈层商业的本质有更深入的了解。

二、圈层与圈层化

1. 何为圈层

在理解圈层商业之前，我们首先要对圈层有一个定义和判断标准，因为圈层商业是建立在圈层之上的。建立圈层商业的第一步，就是判断你的用户群体是否是一个圈层，及是一个什么样的圈层。那么到底何为圈层呢？

所谓圈层，是指在人们的精神层面，比如态度、兴趣或价值观等，有某一共同点的一类人被不断引导，形成能够在一段时间内，保持稳定的一个群体。

圈层使社会中的人们，有了一种新的划分方式，这种划分不再仅仅是依靠人们的年龄、职业、经济基础、身份地位等等，而是按照人们在精神层面的追求，作为划分标准。

就算是不同年龄、不同职业，不同经济水平，甚至生活方式上有很大差

异的人，只要在精神层面有一个共通点，就有了形成圈层的基础。比如 B 站上的二次元圈层，三四十岁左右的工薪族和十多岁的高中生，就处在同一圈层中。就算兴趣爱好不一致，但只要在精神层面有一点共通，也能形成一个圈层。如图 4—1 所示。

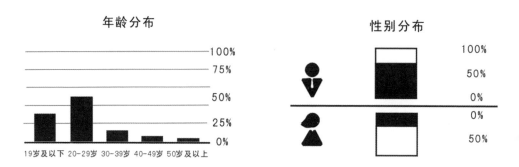

图 4—1：共同精神奠定圈层基础

B 站的用户既有影视 Fans，游戏玩家，也有体育爱好者，吃货达人。这些兴趣爱好完全不同的人，也都迷上了二次元，聚合成一个圈层。这也就意味着，我们每个人根据自身精神层面的不同追求，将处于多个不同的圈层中。

但是仅有某一个共同的精神追求还是不够的，因为个体间的自由连接是小范围的，而且人们的精神追求并不能维持长期的稳定，人们会因为各种原因，比如朋友的影响、年龄的因素、环境的因素等等而"移情别恋"。就好像"迷恋"大热韩剧里的男明星一样，一剧一换，剧终之时，也就是热情消退之时，这并不能形成稳固的聚合。因此，圈层的产生还需要持续地被引导，让有共同精神追求的个体产生精神上的共鸣，以维持群体的稳定。例如二次元爱好者们，在 A 站、B 站出现之前，他们只是喜欢二次元文化的单独个体，完全依靠自己的兴趣使然，有时候仅仅只是"三分钟热度"，有时候兴致一来"走火入魔"，自身都难以维持稳定的状态下，更形成不了一个圈层。

但是在 A 站、B 站出现之后，这些喜欢二次元的个体，有了维系的方法，能够形成大范围的聚合，同时 A、B 站上 UP 主们的出现，使二次元爱好者们有了精神"向导"，加固了群体间的凝聚力，使其维持稳定，并逐渐形成一个圈层。如果没有引导力，群体间就仍是一个个零散的个体。

所以判断一个群体是否是圈层，要看其是否同时具备以下 3 个条件：第一，在精神层面存在某一共同点（兴趣、态度、价值观）；第二，存在引导；第三，能维持一段时间的稳定。

简单地说，精神层面的共同点就相当于圈层产生的"原料"，引导力是圈层"发酵"的"反应剂"，而能否维持一段时间的稳定，则是判断圈层是否成功的"试纸"。下面，我们举几个例子对此加以判断：

无印良品的消费者们算不算是一个圈层？

首先，我们得先看看无印良品是否提倡一种价值观，与它的消费者们有精神层面的共鸣？我们对无印良品的印象是，无印良品好像什么都卖。它卖衣服，卖家具，卖生活用品，从卖的商品上，我们很难对它有一个定义。它似乎是一家综合用品商店，但它却将自己称为"生活形态提案店（Lifestyle Store）"，无印良品宣称它卖的是一种生活方式——"一种简约、朴素、舒适的生活方式"，这直接体现在它对颜色的选择上，浅褐色是无印良品的标准色。这是因为制造纸张之时，若将漂白纸浆的程序减去，成品就是自然的浅褐色；这一个环保的概念无印良品独有的美学智慧。此外，环保的理念还体现在店铺装饰，产品包装，以及原材料的使用等各个方面。去过无印良品的

消费者都知道，无印良品不讲究外包装，在无印良品购买商品时，只有一个简单的打包。因而，喜欢无印良品的消费者都是崇尚极简风格的环保人士。在这一点上，我们找到了无印良品与消费者们的精神共鸣点。

那么消费者是否存在引导？无印良品艺术总监原研哉和深泽直人都是非常有名的设计大师，他们本身深谙极简设计之道，并坚持自己的设计理念——"做设计不应该只看短期反应，而着眼于长远的教育性理想，同时好的设计会为社会环境带来良好的影响。"，这样的设计理念使他们成为了无印良品消费者的精神"向导"。

根据最近的日本《日经流通新闻》针对自主性较强消费族群进行品牌好感度所调查的结果显示，"无印良品"因为拥有可提供消费者购物的安心感及合理的价格等特性，为品牌好感度调查的第一名，品牌好感度更高达51.1%，受到日本消费者高度的支持，并且在持续的良性发展中。

因此，无印良品的消费族群已经建立起了一个圈层。

那么，同样崇尚简单、舒适的佐丹奴，它的消费者们是否也符合以上3个原则，形成一个圈层呢？

佐丹奴的消费者们，虽然也都追求简单、舒适，但消费者们并没有获得持续的引导，导致这一消费理念的黏着力逐渐下降，佐丹奴的品牌价值观也渐渐丧失，随之而来的是消费稳定性的下降。曾经满大街的佐丹奴，在前不久公布的三季报显示，公司销售额同比下跌3.4%。其中，中国内地地区的销售额同比大跌12%。佐丹奴在全球门店总数为2359家，比去年同期的2479家减掉了120家。只能说，佐丹奴的消费者们具有了建立圈层的潜质，但是缺乏引导就无法维持足够的稳定性，导致无法建立起一个圈层。

同理，你也可以判断出宜家的消费群体，豆瓣或者其他品牌的用户群等等是否算是一个圈层。

2. 圈层的生命周期

既然圈层并不是一开始就存在的东西，那么圈层的形成也是一个从无到有的过程。圈层也存在着自己的生命周期。从产生到发展到不断壮大。但是，与其他事物不同的是，圈层的生命周期是一个无限循环的过程，因为圈层的推进力来自于圈层内部——圈层用户价值观的自我升级，因此圈层也就拥有了自我进化的能力，这股内在爆发的力量，促使圈层能够不断地进行自我更新与优化，进而不断向前发展。

我们依据圈层在不同阶段的表征，将圈层的生命周期分为了 4 个阶段。如图 4—2 所示。

图 4—2：圈层生命周期的 4 个阶段

萌芽期的特征是："新兴事物"被感知，并对某一类人产生吸引力，最终形成零散形态的小群体。

圈层产生的契机，是一个"新兴事物"的出现，这一"新兴事物"可以是某种新的文化现象，比如"二次元""屌丝文化"等等，也可以是某种新的消费观念，比如"轻奢风"等等，也可以是某种新的生活方式，比如"极

简风"等等。

这一"新兴事物"的出现，有可能唤起了大家短暂的注意，但只有真正切合其精神价值观的一拨人，能够对其产生持续吸引力，并保持浓厚的兴趣；并且，这一拨人通过自身的社交网络，能够找到对其有共同兴趣的人，形成一个小群体。但这些小群体之间，因为缺乏连接，所以是相互孤立的，零散的状态。

就像朋克在初期开始流行的时候一样。最初的朋克，它是工人阶级青年表达愤怒的手段。它有自己的鲜明价值观，朋克摇滚的精神就是："没错，你有你的吉他，但你不一定要做正确的事！你可以做错！你是一个好音乐家一点意义也没有，唯一重要的是——你有话要说。"朋克音乐代表了一种充满激情和反正统精神的新噪音、新声调。最开始玩朋克的这些青年人，他们首先通过自己的人际关系网，寻找同样价值观的人，组成一个乐队。就算没有经验、没有乐器，你会吼就可以。用不着音乐细胞，你想做就可以。朋克摇滚降低了音乐创作行业的进入障碍，使它可以在"叛逆"的青年人中迅速流行。越来越多的青少年聚集在了一起，形成一个个小群体，他们带来自己的歌，格式无所谓。但是群体之间没有交集，因为他们只听他们自己的。他们用最无所谓的态度去做最无所畏惧的事情，这就是初期的朋克精神。这也是圈层萌芽期呈现的状态：有一个"新兴的事物"，有一种新的精神追求，有很多零散的小群体。

但这些零散的小群体间，需要渐渐实现聚合，如果没有走向聚合，群体间的热情会加速消退，刚刚萌芽的圈层过不了多久也会"土崩离散"。举个例子，由荷兰艺术家弗洛伦泰因·霍夫曼创作的巨型小黄鸭，在几年前火爆一时。它明亮的黄色，圆头圆脑的造型，翘起的小嘴，勾起了人们美好的童年回忆。作为和平的象征，它散播着快乐与爱。但与同样呆萌的卡通形象熊本熊不同的是，小黄鸭的热度仅仅维持了一小段时间，就渐渐消退了。因为喜欢小黄鸭的爱好者们，只是个体爱好者，互相之间没有交流和碰撞。在生活中更是几乎难觅其"踪迹"，网上也几乎找不到小黄鸭的贴吧与社群。这样的圈层，生命力已经开始衰退。

因此，圈层要成长下去，小群体必然要走向聚合，聚合的过程也就意味着圈层进入了一个新的阶段——"成长期"。

成长期的特征是：零散小群体中诞生了意见领袖，形成核心圈层，通过组建贴吧，交流群等形式，实现群体间的聚合与扩大。

随着小群体的逐渐发展，群体中的人们对这一精神需求的热爱程度也会产生差异，对其热爱程度高的人，具有更强的主动性去不断获取及更新信息，也具有更高的忠诚度，不会受环境影响而轻易舍弃，他们自然成为了群体中的意见领袖，引导并感染群体中的其他人，以维持小群体间的稳定，这些意见领袖也就组成了最初的核心圈层。此外，一些更活跃的意见领袖除了维系自己的小群体之外，还主动成为了一名传播者，将他们的价值观传播给更多的人。为了聚集更多"志同道合者"，他们开始在网上建立贴吧及各种交流群、讨论群等等，搭建一个个资源分享与交流的平台。

例如锤子手机爱好者"锤粉"的意见领袖，就在网上建立了各种锤粉论坛，锤粉社区，把锤粉们聚合到了一起。乐高粉丝的"意见领袖们"，更是"疯狂"到把乐高积木的拼砌和创造作为了自己的事业，他们不仅开设个人的乐高论坛，而且还自费组织各种乐高活动。作为回应，乐高也将他们看作

一种合作伙伴，并为他们准备了专门的证书"乐高专业认证大师资格"（LEGO Certified Professionals，LCP），成为 LCP 必须满足 3 点前提：能永远爱乐高、能熟练拼砌乐高、能传递乐高形象。拥有此证书的人，除了能得到乐高粉丝们的无限崇拜与尊重外，还能得到丹麦总公司及厂方的支持，除了可以近乎厂价订购零件，还可以名正言顺开官方展览、个人论坛等。乐高对意见领袖们的肯定，对乐高核心圈层的巩固，乐高粉丝间的聚合，起了极大的推动作用。

意见领袖的诞生，小群体的大范围聚合，标志着圈层规模的初具形成，一个圈层该有的基本条件都已实现。但圈层最核心的一点是圈层中人群共同的"精神追求"——圈层价值观，圈层的维系靠的就是价值观，并且价值观还必须不断地"更新""进化"，否则形成起来的圈层就好似一潭死水，丧失了生命的活力。

目前，圈层更新与进化的方式，一共有两种，一种是依靠圈层领袖个人来推动，我们也可以把这称之为"中心创造模式"，即圈层有明确的中心人；一种是依靠圈层所有成员，特别是核心圈层来共同推动，也可以把这称之为"众创模式"，没有中心人，圈层成员平等沟通。很显然，采用第一种方式的圈层，仅靠个人的力量较难获得持续的推进力。与群体的力量相比，个人的力量毕竟是有限的，并且一旦个人的"威信"在圈层中丧失，圈层将面临崩塌的危险。例如：罗振宇的"罗辑思维"圈层就属于这样的状态，罗振宇个人的价值观是整个圈层的支撑，"罗粉"们都是冲着罗振宇的人格魅力聚合起来，而一旦罗振宇的魅力丧失，那么圈层也不将再存在，这就是"罗辑思维"存在的风险。

同时，仅靠个人的"中心创造模式"，规模扩大的速度显然慢于"众创模式"。个人"吸粉"的速度毕竟是有限的，比不上一个群体的号召力。因此，为了更快的加速"扩张"，圈层领袖间往往会相互联合。这样的好处在于可以将对方的圈层用户转化成自己的圈层用户。但风险也在于，因为不同圈层的"价值观"一定会存在明显的差异，无法认同这一做法的圈层用户有可能会离开所属的圈层。例如，最近发生的互联网自媒体"大事"——持续升温的 papi 酱与"罗辑思维"的联姻，这看起来是一个合作共赢的事件。一本正经说教的"罗辑思维"，一直端得太正，庄易谐难，与 papi 酱无厘头恶搞的风格正好互补。

那么事实真是如此吗？"罗辑思维"的圈层与 papi 酱的圈层，其实差异不小。"罗辑思维"的圈层都是一点一点积累起来的，用户画像非常清晰。而 Papi 酱的走红偶然因素更大，圈层人群虽然集中，但都是吐槽型内容的接受者，价值观比较单一，并且她的身上仍然带着"快消品文化符号"。这自然会产生反对的声音，有人评价说"罗辑思维"变味了，有人说"罗辑思维"毁掉了 papi 酱。可见圈层领袖间的联合存在着风险，但如果不"联姻"，圈层用户容易出现"审美疲劳"，热度难以维持。据悉，在投资 papi 酱之前，"罗辑思维"的搜索指数一直不温不火。但是像无印良品这样的众创模式就避免了这一情况的发生，圈层用户能够一直维持着持续的热度。

因而，圈层的进一步发展，需要的是圈层自身所产生的驱动力，这股驱动力标志着圈层的发展进入了一个新的阶段——"成熟期"。

成熟期的特征是：核心圈层自发对圈层文化进行更新、分享，圈层拥有自我进化的能力。

随着圈层的不断壮大，圈层间交流的增强，频繁的信息交流与碰撞，一

步步深化了圈层人群对自身精神追求与价值观的理解，尤其是核心圈层，不断衍生出新的"阐释"，新的"理念"，这些"新东西"无形中推动着圈层文化的向前发展。正因为圈层的演进，是来自自身内部的力量，因而赋予了圈层强大的"生命力"，也是圈层迈向成熟期的标志。

例如，A、B站的二次元文化，基本都是由 UP 主们，即核心圈层来推动的。A 站早期的视频作者茶茶丸、爱情上甘岭、辰音奈奈、Hank、新月冰冰、超氪金月饼、不祥之赵、回老家结婚、晚香玉等等，都是从做 mad、鬼畜视频、声优、恶搞演唱等开始，一步步推进着二次元文化的发展。之后，A 站中又诞生了 UP 主、搬运工、新华业务员、金馆长、AC 娘、蓝蓝路、比利等等二次元的新名词，二次元文化在 A 站的圈层用户中，不断进化。这样的情况，同样适用于 B 站，从 2010 年开始，B 站的 UP 主们就参与制作了二次元"拜年祭"，在大年三十与央视春晚同期播出。目前，已经从当年仅 40 个 UP 主参与，到现在 260 余 UP 主参与，从一开始的无人问津，到现在的拜年祭点击量越来越高。这些都要归功于 UP 主们的"积极贡献"。

无印良品的自我进化能力同样来自于它建立起来的社区 Muji. net，来自社区的圈层用户们不断地为它提高各种新奇的，前卫的产品创意，并在社区内进行筛选和投票，以这样的方式推进无印良品的发展。

当圈层拥有了自我进化的能力，圈层文化发展一定阶段，圈层规模达到一定的数量，就难以维持圈层内的稳定和圈层内所有"声音"的统一，这时圈层就必然要走向分化。

分化期的特征是：圈层文化在进化过程中不断演变，由于圈层人群对文化演变的接受程度不同，差距逐渐加大，分化成不同的圈层。

圈层文化在演变的过程中，与原有的文化差距也在不断拉大。圈层文化的外延在不断延伸，使得圈层用户对圈层文化的理解和接受度也产生了差异。从用户进入圈层的时间轴来看，核心圈层对文化的理解和接受度最高，他们是与圈层文化的演进，同步进行的，而刚刚进入圈层的用户，所了解的还仅仅停留在圈层文化的初始阶段，自然跟不上文化的演进速度，因此大圈层中分化出了不同的小圈层。如图4—3所示。

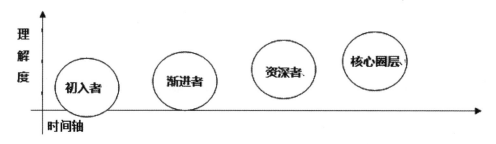

图4—3：大圈层中分化出的小圈层

从用户对圈层文化的接受程度来说，有的用户或许并不接受演变后的圈层文化，觉得与原本自己喜欢的差异过大，而有的用户或许更喜欢这种"新"的圈层文化，这也造成了圈层的分化。

以B站的二次元用户为例，他们已经分为了二次元、2.5次元、泛二次元、核心二次元几个小圈层：

二次元圈层，是指对动画（animation）、漫画（comic）、游戏（game）、轻小说（novel）都感兴趣的群体。

2.5次元圈层，是指喜欢在ACGN领域中介于二次元和三次元之间的群体，他们感兴趣的内容包括：手办、cosplay、偶像声优或者恋爱游戏、动画等，人物脸孔是以3D建模、具有真人一样外貌、动作、表情的游戏、动画及其角色、服饰等等。

泛二次元圈层，是指对二次元的接触大多数处在"基本了解"的阶段，会去看热门漫画，玩热门游戏的一类人，但他们不会在上面投入太多的精力和财力。

核心二次元圈层，是指花费大量时间和财力在 ACGN 上的一类人，他们深爱动漫，经常上 AcFun、bilibili、动漫论坛、贴吧，深入了解并热爱与二次元相关的诸多事物。

由此看出，B 站的用户们已经形成了由几个分化的小圈子组合而成的大圈层。这些小圈子，又将经历一轮新的萌芽—成长—成熟—分化的过程（如图 4—4 所示）。因此，圈层的生命周期是一个无限循环的过程，圈层拥有着强大的生命力。

图 4—4：B 站用户小圈子发展历程

3. 圈层化

一个群体转变为一个圈层的过程就是圈层化，从圈层的实质来说，圈层化的过程，其实也就是一个被引导的过程。那么如何引导呢？

首先，必须符合群体间的共同精神需求。引导不是跟风，不是一味地追求"高大上"，而是要理解群体间的精神需求是什么，在此基础上去引导，否则就会"误入歧途"。在这一点上犯错误的公司还不在少数，甚至包括一些国际的知名企业。

例如知名的连锁快餐品牌吉野家，就给自己做了一个"变性手术"

在喜欢吉野家的食客们眼中，它是一家非常"亲民"的牛肉饭餐厅，在这里吃饭的人们，不讲究环境，只享受这种大快朵颐的快感。他们的价格便宜，因为他们认为当价格和品质必须妥协的时候，就干脆把它停掉，而不是把牛肉饭升级成高级料理。他们舍弃了环境，却利用牛骨头的边角料也做出了毫不妥协的料理。但是吉野家并没有就此满足，它大刀阔斧地对其进行了改造，给吉野家换上了 MUJI 风，来了一个 180 度的风格大变，却将其引入了"歧途"，吉野家变得"高端大气"了，原来热爱吉野家的食客们却不再"买单"。因为，在他们的眼中，这样的吉野家已经"变味"了。

因此，如果引导的前提不是基于圈层价值观之上的，即使再"高大上"，再有格调，也不会奏效。适用于其他圈层的流行元素，并不一定就适用于你。

相反，如果是符合圈层价值观的引导，则会收到"事半功倍"的效果。我们可以参见"小茗同学"的成功案例。"小茗同学"茶饮料的口味是淡淡

的茶味，算不上让人记忆深刻，也不会让人讨厌。然后在前不久统一发布的2015 年财报里，它成了一个"功臣"。这款只针对"95 后"的圈层饮品，可以说牢牢抓住了他们的"胃口"。从"对立式"营销的方式，"小茗同学""贱萌"的表情设定到鬼畜风格的视频广告，甚至是故意恶搞的"双盖设计"，无一不正中"95 后"圈层消费者的下怀。可以说"小茗同学"的成功并不是产品的成功，而是圈层"价值观"引导的成功。

因此，在锁定了圈层，充分了解了圈层人群的价值观之后，你需要的就是找到切合的引导渠道。从现有的引导方式看，主要分为 3 类：

第一类：个人魅力引导。

依靠个人魅力，聚合起来的圈层。引导方式，一般是通过核心人物本身所散发的人格魅力，"打感情牌"，唤起人们心底的共鸣；或者是核心人物本身所具有的专业属性，依靠其专业特长，将人们聚合在一起。引导的对象，可以是普通大众，如罗永浩、吴晓波聚合起来的圈层。也可以是特定的某一人群，如褚时健针对创业人群，建立起来的圈层。

第二类：文化引导。

依靠满足某一类人的文化需求，而建立起来的圈层。这一类文化，不是引导者创造的，而是原本就已经存在的，引导的目的只是在为其建立广泛的连接。比如，A 站、B 站的二次元圈层，豆瓣、诚品书店建立的文艺圈层，无印良品建立的"极简生活"圈层。

第三类：功能引导。

为满足某一类人的特定功能需求而建立起来的圈层。不同于文化引导，这一类圈层更偏向"实用性"，他们首先关注的是提供的功能，而后关注的是功能背后所具有的价值观等等精神层面因素。例如，针对亲子用户的"三个爸爸"空气净化器，首先解决的是亲子群体对空气净化的功能需求，其实质是强调健康生活的理念，面向的是有极强健康观念的人群。"ENJOY"是针对白领群体的团餐网站，实质是引导人们注重生活的品质，倡导轻奢风。

三、圈层商业

圈层化的发展，圈层的出现，传统的商业市场已经在发生改变，圈层商业正在形成。那么对传统企业家及创业者来说，圈层商业到底是什么。这也就是接下来本章节要阐释的内容。

1. 何为圈层商业

在了解了圈层与圈层化之后，我们对圈层商业已经有了一个基本的判断。圈层商业肯定得先有圈层，没有圈层就根本谈不上圈层商业。其次，圈层商业的形成过程与圈层化的过程，也有着必然的联系，圈层化的过程包含着引导与聚合两方面，即在这一过程中，企业与消费者群体都发挥了作用，所以圈层商业也应包含企业与消费者两个方面。那么由此看来，到底何为圈层商业？简单来说，从生产关系的角度，圈层商业就是建立起某一类型的消费者与企业家共融的商业形态；从商业化的角度，圈层商业就是通过产品、服务连接圈层的商业形态。

既然圈层商业是以圈层作为基础，那么圈层商业也应该从不同的时间纬度去看待。在圈层生命周期的不同阶段，产生的圈层商业，就应该有不同的形态特征。

先来看萌芽期的圈层商业。

萌芽期，群体的需求还处于潜藏阶段，小众群体更是处于零散状态，不易被企业挖掘利用。因此，成功的萌芽期圈层商业，往往针对的是企业判断出已经有明确需求的特定群体（通常是根据人群的生理属性如年龄、性别等，或阶级属性如行业、收入等来划分），以功能引导的方式，来实现圈层商业。

比如，近日由谷歌安全搜索开发团队设计推出的儿童搜索引擎 kiddle。因为网络信息的纷杂混乱，父母们非常担心孩子们过早接触"少儿不宜"的信息。谷歌的开发团队敏锐地察觉到了这一需求，设计出了 Kiddle——一款基于谷歌的安全搜索引擎。这是一款针对孩子们的上网行为和内容的可视化搜索引擎，解决父母担心孩子们在网上搜索的时候遇到不适合儿童观看的搜索结果。使用 Kiddle 搜到的内容都是网站编辑精挑细选出来的，绝对健康。特别是每次搜索出来的前 3 个网页，都是经过编辑逐个审查过的。后几个搜索结果有可能是面向成年人的，但也绝对是适合儿童观看的。如果孩子搜索了一些不适合他们了解和观看的内容，Kiddle 就会出现友情提示"啊哦，看起来你的搜索关键词有一些不太好的词汇哟，试试其他关键词吧！"同时，为了让孩子们喜欢，它们把页面的设计都变成了外太空主题。

再比如，专为孕妇、儿童研制的"三个爸爸"空气净化器，精英人士、

成功人士专属的婚恋软件"The League"等等，都属于成功的萌芽期圈层商业。从某个角度来说，它们似乎是成熟市场领域的品牌细分。确实，因为有了成熟市场的数据信息和市场分析，它们才能得出较"明确"的判断，是否某一特殊群体存在特定需求。因而萌芽期的圈层商业主要以解决特定人群的功能需求为主，还未形成明确的价值观。

再来看成长期的圈层商业。

成长期，小群体已经开始聚合，群体的需求开始显现。企业容易挖掘到"浮出水面"的圈层需求，并发挥核心圈层"意见领袖"的作用，与企业的产品、服务相结合。

近期大热的"网红经济"就是一个靠"意见领袖"发展起来的圈层商业。"网红"实质上就是一个圈层中的"意见领袖"。"网红"兴起是网民自发选择的结果，他们代表着一类人的"价值观"，并将其商业化。例如，网红PONY，韩国彩妆达人（喜欢韩国美妆的圈层应该都认识她），就通过与韩国各大化妆品公司合作设计产品，实现圈层的商业化。她近期还进入中国，在淘宝开了自己的彩妆店。再如"网红"顾爷，以"不正经地聊绘画"的价值观，在微博上发布的"小顾聊绘画"系列长微博，聚集了一群"伪"艺术爱好者，他通过出版自己的图书《小顾聊绘画》系列，与艺术融合品牌广告来实现商业化。

但成长期的圈层商业，还是主要依靠企业的引导。与萌芽期的圈层商业相比，成长期的圈层商业选择面更广泛，不再限于消费者的生理属性或阶级属性，而是按照已聚合的群体的核心需求来划分。因而圈层商业的表现形式也更多元，同一群体的核心需求，可以有多种不同的圈层商业形式，与不同的产品或者服务产生连接。

例如针对热爱旅游，但又"囊中羞涩"的穷游一族，就有多种不同的圈层商业形态。满足穷游族住宿需求的沙发客网站"Couchsurfing"，使用这个网站，你到异国旅行时，就能免费睡别人家的沙发。"Couchsurfing"也正迎合了沙发客这一穷游族的需求，目前这样的跨国沙发客俱乐部越来越多。台湾著名沙发客林鸿麟先生还曾为此出了一本书——《你家沙发借我睡——一个沙发客的自白》，成功引领了沙发客的风潮。截至2010年12月，该网站已有240多万注册会员，遍布245个国家（地区），8万多座城市。

"Couchsurfing"为穷游族们提供原创实用的出境游旅行指南和旅游攻略及折扣信息，在这里穷游人们彼此互助、相互激励，共同享受一段美好的旅途。

为穷游族提供社交及导游服务的"Ventoura"，在"Ventoura"你能找到有相同想法的游人，并可以在上路之前就和大家联系上。如果你是一个城市的当地居民，你也可以注册使用这个平台，为来到你家乡的城市游客提供向导服务，向他们推荐具有难忘经历的旅游线路。

因此，这一阶段的圈层商业，主要还是多元化地满足圈层的功能需求。对圈层文化自身的构建，参与较少。

接着来看成熟期的圈层商业。

成熟期，圈层已经有了自身文化构建及进化的能力。在这一阶段，圈层企业者的兴趣爱好、价值观与企业所从事的职业更加融合。同时，圈层企业

的正式员工与圈层用户之间的分别也越来越小。成熟期的圈层商业形态，将是圈层用户与企业高度融合的阶段。如前文提到的小米用户参与小米手机的外观及功能设计；无印良品设置无印良品设计奖"MUJIAWARD"，让认同无印良品设计理念的设计爱好者们，展示自己的设计作品，作为无印良品的设计参考，并有可能获得生产；再比如维基百科，也是一个多语言、内容自由、任何人都能参与的协作网站，它希望建立起一个完整、准确且中立的百科全书。

成熟期的圈层商业，与圈层群体的目标需求越来越切合，能够直接地把圈层中的需求转化为商业形态，因此是圈层商业中，效率最高的一个阶段。同时，因为有了稳定的圈层受众，与高效的商业转化能力，成熟期的圈层商业得以满足更加小众的群体需求，圈层商业的种类也更加多元化，受众更加广泛。大量的小众圈层商业形态在这一时期出现，例如上文提到的专做街头文化的 T 恤品牌 threadless，专做嘻哈一族的 Beats 耳机等等。

最后来看分化期的圈层商业。

当圈层从成熟期走向分化期，也就意味着圈层商业的扩大化，圈层商业从原本的单一文化需求，分化为多个种类。企业也从一个满足某一圈层需求的商业体，转变为多个分化圈层提供服务的商业平台。

比如，B 站初期只是为满足核心二次元爱好者建立的网站，现在成为了一个为二次元、泛二次元、2.5 次元等多个分化圈层提供服务的平台。目前，B 站上兼容着文化相似，但用户群体却截然不同的多个小圈层，随着这些小圈层的不断成长、成熟，B 站的规模也将不断地扩大。

再如，著名的街头风格潮牌 TRIPLEFIVESOUL，开始的时候只是针对喜欢街头音乐的小众群体。随着街头音乐风格的发展与分化，TRIPLEFIVE-SOUL 的圈层也逐渐分化为了雷鬼圈层、嘻哈圈层和纯粹的街头音乐爱好者。TRIPLEFIVESOUL 为了适应圈层用户的分化，不断推陈出新，2002 年还进入著名涂鸦大师 Marce Ecko 旗下成为 ECKO 集团又一大重要品牌。

2. 不同阶段的圈层商业小结

第一，目标圈层的划分趋势。圈层商业介入的目标圈层，从萌芽期到分化期，呈现出了越来越细化的趋势。如图4—5 所示。

图4—5：目标圈层越来越细化的趋势

萌芽期的圈层商业与传统的市场细分，还存在相似性，都是满足于普通大众的不同功能化需求，但随着介入圈层的细化，圈层商业越来越贴近每个人心里的潜在需求，圈层商业与每个人的距离越来越近，所以圈层的划分方式也越来越精细。

从圈层商业的数量上，也可以看出从萌芽期到分化期，圈层商业的数量

逐渐增多。这也是目标圈层划分方式的逐渐精细化带来的。随着划分方式的精细化，可选择的圈层类型越来越多，因此圈层商业的数量也逐渐增加，在圈层分化期的时候，圈层数量达到最多，因此这一时期，圈层商业的选择面也是最广的，圈层商业的数量在这一阶段达到顶峰。

第二，不同阶段，圈层商业提供的功能、价值观与圈层需求的切合度。如表4—1所示。

表4—1：不同阶段圈层商业提供的功能、价值观与圈层需求的切合度

事 项	功 能（切合度）	价值观（切合度）	案 例
萌芽期圈层	高	低	三个爸爸空气净化器
成长期圈层	中	中	Couchsurfing
成熟期圈层	中	高	小米手机
分化期圈层	高	高	B 站

萌芽期的圈层商业介入的圈层，主要是以人群的生理属性及阶级属性来划分的，商业与消费者的距离还比较远，不能完全体现圈层中人群的价值观，这一阶段主要是以实现功能为主。但随着圈层商业精细化程度的提高，圈层商业的重心转向圈层中人们的精神需求及价值观，反之对功能的需求程度反而下降了。这一点在成熟期的圈层商业阶段，体现得最为明显。

成熟期的圈层商业，人们更多追求的是价值观的切合。找到自我认同感的圈层成员们，宁愿"牺牲"对产品本身的功能追求，因此，这也是圈层企业创造高溢价的一个阶段。就拿小米手机来说，对不属于小米圈层的外围消费者来说，小米手机的质量只能算过得去，既没有自己的工厂，维修售后服务也跟不上，在使用上没有什么亮点，价格上也没什么特别的优势。但为何

会造就米粉们的疯狂抢购，因为这些缺点在米粉们的眼中都可以"忽略不计"，他们的关注点已经转移到了"价值观"上。

到了分化期，新分化出的小圈层，首要满足的还是对功能的需求，同时由于是从成熟期的圈层分化出来的，自身已经带有强烈的"价值观"及"精神需求"，因此这一阶段介入的圈层商业，须同时满足圈层用户功能与价值观两方面的需求。

第三. 不同阶段，圈层商业的机遇评估。如表4—2所示。

表4—2：不同阶段的圈层商业机会评估

事 项	机 遇	竞争度	适用企业
萌芽期圈层商业	小	大	大、中企业
成长期圈层商业	中	中	大、中企业
成熟期圈层商业	大	小	中、小企业，初创企业
分化期圈层商业	大	小	中、小企业，初创企业

萌芽期的圈层商业，多多少少介入的仍然是"主流"的大众市场，他们仍然需要面临大型企业的竞争，因而需要一定的资本实力，同时他们主要满足的是圈层用户的功能需求，因此也需要有一定的技术支撑，例如前文提到的kiddle儿童网页搜索，就是依托谷歌的运营团队建立的。如果没有资本和技术支持，已经开发的市场，也很容易被大中企业"抢走"。例如"三个爸爸"空气净化器，也同样遭遇到"海尔""夏普"等已经成熟的空气净化器品牌的"觊觎"。

成长期的圈层商业，基本上迎合的也是"主流"的大众需求，满足"主流人群"的兴趣、爱好、价值观等等。但因为有了核心圈层的支撑，成长期

的圈层商业具有了较强的"品牌忠诚度",但因为介入的仍属于"主流"市场,因此也需要一定的资本支撑。所以,萌芽期与成长期的圈层商业都较适合大中企业。

成熟期的圈层商业,企业与用户高度融合,能够充分利用圈层用户的主动性和用户的高粘合度,减少企业在设计、宣传等环节上的人力成本。很多成熟期的圈层商业,企业规模都不大。例如前文提到的ScoreBig,也只有60多名员工。前文提到的T恤巨头Threadless,在初建期的时候只有创始人尼克尔和合伙人德哈特两个人,后期当网站变得越来越大,用户的需求也越来越大,他们才不得不招聘了一个员工来帮忙。目前,Threadless已上线13年,每年可销售数百万件T恤,但它们的员工还不到80名。

分化期的圈层商业,是小众群体再继续细分出来的圈层,面向的是一个刚刚诞生的更加"小众"的群体,和一种全新的"精神诉求",在这一领域还未产生强有力的竞争者。另一方面,新分化出的圈层商业,不需要太多的资本及技术支撑。因而,成熟期和分化期的圈层,更适合中小企业及初创企业。

3. 圈层商业的特征

第一,隔圈如隔山。

在圈层商业中,有一个特征,就是隔圈如隔山,圈层里面的事情,已经如狂风暴雨般猛烈,人尽皆知,但圈层之外的人,并不太知道圈层里面真正发生了什么。(当圈层逐渐壮大的时候,会吸引更多人群的注意力)

企业不可能让全社会的每个人都了解你，但是，如果经营好自己的圈层口碑，通过圈层口碑的影响和传播，很多人会对你产生认知和好感。

第二，磁力效应和隔电墙。

当你确定要做圈层商业后，你就会形成强大的磁力效应，同时也会产生隔电墙。

磁力效应，是指强磁体在磁场作用下发生形变的现象。同时，在外力作用下强磁体的磁性也会改变。磁力相互密切现象（效应）互易地存在于同一强磁体中。小米手机从一开始，他们就从各个方面打造自己的这种磁力效应。

隔电墙，就是指你要与什么进行绝缘。而圈层商业，就是一种拥有磁力效应的商业模式，他会让企业和用户相互依存，你中有我，我中有你，共同促进，当企业圈层商业的磁力效应足够后，圈层商业会变得无比强大，坚不可摧。

第三，规模不见得是优势。

在经济学里面，有一个词语，叫做"规模经济"（Economies of scale）。所谓规模经济，是指通过扩大生产规模而引起经济效益增加的现象。规模经济反映的是生产要素的集中程度同经济效益之间的关系。规模经济的优越性在于，随着产量的增加，长期平均总成本下降的特性。但在圈层商业里面，规模不见得是优势。规模再大，如果没有核心圈层，商业就缺乏了最重要的基石。你原来的规模优势可能迅速被同行所瓦解。

再举小米的例子。小米先进入手机行业时，并没有规模优势，但是他开始做手机时，逐步培养了核心圈层，他可以利用互联网的速度和效率，以极其低的利润来获得市场。

4. 圈层商业的成功标准

我们如何判断一个圈层商业是否获得了成功，其依据是什么？是规模，是知名度，还是其他？在这里，我们回归到判断商业是否成功的传统衡量方式——利润。即有利润实现方式，圈层商业自身能产生利润。

在这里，我们剔除掉那些融资成功，但还未实现盈利的案例，因为没有盈利方式，只靠融资的企业，说明还未有自己稳定的圈层。能够有稳定圈层的企业，能够通过自己的圈层产生利润。

例如，豆瓣就是靠出版物 CPS 分成。豆瓣的圈层用户，通过点击豆瓣上的购买链接去买书，豆瓣就会得到一些推广收入，大约 10%。后来，豆瓣 CPS 的渠道，也不仅限出版物了，也延伸到在线电影票等模式。之后随着豆瓣圈层用户量的增加，开始有了一些品牌广告。豆瓣的品牌广告模式比较独特，分为在线活动和冠名小站等模式。在线活动就例如和 MSN、荣威、三星搞一些让网友围绕主题上传图片之类的活动。冠名小站就类似卖广告位，让企业发布信息与网友互动。

四、企业需要"企业体生态圈层"和"企业家圈层"

1. 企业需要企业体生态圈层

企业要想活得好，必须在大的商业生态系统下构建自己的企业体生态圈层，和与你有共同价值观、兴趣、态度的企业体之间发生关系。

"企业体生态圈层"，不是多元化或整合，不是联盟，不是平台。它反对"吃独食"思维，强调共生、互生、再生精神。

亚马逊、阿里、腾讯、小米、乐视……都在大张旗鼓地筹建着各自的在互联网大生态下企业体圈层。尤其腾讯和阿里，不断地扩大着自己的"企业体生态圈层"。当马化腾喊出腾讯自己留半条命，把另外半条交给合作伙伴后，形成庞大的发展势能。腾讯目前已经有 500 万的企业体圈层在和他发生连接和协作。阿里更有数千万的企业体圈层在跟他发生连接和协作，这就是

阿里和腾讯的强大之处。

事实表明，互联网时代的商业关系正以前所未有的速度发生改变。组织、群体间缔结起复杂的竞合网络，形成全新商业格局，悄然改变了商业活动的游戏规则。

在 2013 年中国绿公司年会上，王健林向马云提了这样的一个问题："去年我和百度李彦宏、腾讯马化腾成立了一家公司，有人就管我们叫腾百万，更可恨的是有人管我们叫玩淘宝，第一，你认为我们会是玩淘宝吗？第二，假设我们三个是梁山的晁盖、宋江和吴用，现在想拉你入伙，你上不上梁山呢？"

马云则以梁山一百零八将只以兄弟为大，而没有共同愿景为喻，暗讽"腾百万"，他说："我觉得你们三家有点像凑拢班子。健林需要完全彻底的改革，进行转型，我深刻理解。另外两个兄弟觉得，反正也不是我出钱，我出一点点钱，有人去搞阿里，我觉得很高兴。"马云随后说，"如果阿里有机会能够跟万达这样的企业、传统经济结合好，大家要共同明白的是开拓未来，创造未来，而不是战役上的防御、战役上的抵制，否则任何结合都是乌合之众。"这句话充分说明了企业体生态圈层的重要性。

在以分工为特征的工业时代，企业占据着社会生产价值链上一个或多个已清晰定义的环节，创造和传递价值的路径方向是既定的。因此，企业的成功取决于在所处环节上积累专业知识与技能，在设计、生产、营销和交货等过程及辅助过程中进行卓有成效的活动，形成核心竞争力。

进入以连接为特征的信息时代，尤其是互联网和移动互联网普及后，商业元素间的可连接性大大增加，打破了原本栅格分明的商业关系：行业边界趋于模糊，企业竞争与合作范围无限扩大，我们进入一个"无疆界"的竞合时代。在这样的背景下，疏于连接的企业即使核心竞争力再强大，也可能面临被边缘化的危险。要在新的环境下生存和发展，企业须撬动自己所在企业体圈层的价值。发展企业圈层战略，是当下时代向企业提出的新要求。

组织层面的企业体生态圈层是指由多个（三个或以上）具有利益相关关系的不同组织和个人，在彼此依赖、互惠的基础上，为了达成共同目标而采取集体行动的联合体。

任何一个企业都处在不同的生态圈中——毕竟没有一个企业是孤岛，但并非所有企业都善于释放生态圈最大的价值。越来越多的案例揭示出这样的道理：只有将生态圈战略变成企业体圈层，在共同的价值观、兴趣、态度的连接中才能够帮助到企业的发展。

我们从亚马逊和索尼之间的案例来看企业体生态圈层的内涵及其重要性。20世纪末，索尼作为电子消费品领域的佼佼者，积累了难以逾越的核心竞争力。但是在电子书阅读器业务上却败给了后来居上的亚马逊。究其原因，要归结于亚马逊高异质性、嵌入性和互惠性的企业体圈层。

2. 企业家需要企业家圈层

企业需要企业家圈层，除了能够帮助你现有的事业外，还能够激发你的兴趣，提高你对某些事情的崇高感，找到归属感。在未来，成功的企业家和商业人士，一定是不同圈层中的核心成员和活跃成员，企业家应该尽早拥有

属于自己的企业家圈层，成为某些非常棒的企业家圈层的核心圈层成员。

"创业家"黑马营是中国最大的创业型企业家圈层，在这个企业家圈层中，企业家可以互相整合资源，交流意见，圈层成员和圈层成员之间形成彼此之间的合作，又形成不同的企业家小圈层。

"创业家"黑马社群模式，锁定尊重创业，热爱创业的企业家群体，形成企业家圈层，本质上是让用户之间深度合作，甚至用户之间可以产生更深层的协作关系。黑马营的圈层都是精英创业者，用牛文文的话都是创业的"老手"，因为从圈子到信仰基本上都是非常相似的，因此黑马社群的用户都是自发的发起和参与圈层的活动，黑马社群在物质层面上依然是打造用户的参与感，通过旗下的黑马大赛，黑马商学院，i代言，牛投都可以支持黑马社群的用户参与其中，而这些活动之间也都有一定的产业链联系。在精神层面上黑马社群也是致力于优越感的打造，"创业家"及i黑马的媒体报道，以及加入拥有优质创业者的黑马营和黑马会，这些优越感的打造让创业者更有社群的归属感。一句话概括就是黑马社群是草根创业者的孵化加速器，以创始人群体的需求为核心，打造一个集学习成长，融资路演，推广咨询等服务为一体的创业服务生态圈。

《创业家》黑马社群希望打造以"牛投（黑马社群内部用户深度合作的股权众筹）＋新三板＝'互联网＋'创业"的全新模式为创业者们服务，其实黑马社群的创业者用户已达上万，通过牛投的股权众筹模式，黑马社群的创业者之间进行互相投资和帮助，最终优质的创业者可以上市新三板。在这个模式里，黑马社群里出现了以社群用户自发发起的合作圈子，成为了社群里的子社群，当社群里拥有更多的子社群（小圈子）的时候，这种社群基本上生命力是非常旺盛的。

2014 年 4 月，创业家联合多位大佬成立了黑马基金，投资了一批具有快速增长潜力的黑马企业，并利用黑马社群的力量支持他们的发展。时隔一年，黑马基金迎来了升级版，它联合探路者发起了创投圈首个结合产业资源和资本力量的产业基金——黑马探路者旅游基金。运动会上，基金在众人的关注下正式启动。

目前这只基金规模是 2 亿元，探路者作为基础投资人将出资基金总额的 50%，同时亦欢迎旅游领域企业家、机构、投资人和地方政府一起加入，共同打造旅游领域的创业服务黑马力量。

黑马产业基金的背后是"黑马＋云孵化"项目，而云孵化则是背靠着无数创业者形成的黑马社群通过这样的模式，黑马社群这个圈层的价值和圈层成员能获得的价值不断地放大，形成了中国最有价值的企业家圈层。

在这一章中，我们对圈层及圈层商业的本质、特征等做了深入的阐述，那么圈层商业是否真的具有强大的生命力？圈层商业是否能够改变我们现在传统的商业格局，成为压垮传统商业的"最后一根稻草"？在下一章中，我们将认识到圈层商业的强大及其背后的原因。

Circling-
Layering
Commerce

第五章

圈层商业的强大

圈层商业是一个崭新的"生命体"，它拥有无限的可能、蓬勃的"生命力"以及传统商业无可比拟的优越性。它正在快速成长，等待向日渐"衰退"的传统商业发起"致命的一击"。

一、圈层商业——
以小搏大的力量

1. 案例导入：Lululemon 的"逆袭"

圈层商业时代，大品牌们长期以来占有的垄断地位在逐渐丧失，因为消费者们的注意力已经从品牌的知名度，品牌的规模、历史等等，转移到了别的领域——品牌所表现出的内在精神，或者说品牌的价值观。不仅如此，圈层用户对价值观的关注度已远远超过了对产品本身的考量，传统商业中的价格战，性价比之争，知名度之争等等，对圈层商业不再起作用，企业的资本、规模等等也不再是竞争优势。不管企业规模大小，只有准确瞄准并锁住了自己的圈层，才能获得"胜利"。因此，只要拥有了自己稳定圈层的企业，哪怕是面对行业巨头，也能从容不迫，甚至"以小搏大"形成强有力的威胁。在这里，我们先来看看 Lululemon 的"逆袭"。

Lululemon 这个运动品牌，对大部分人（也许包括你）来说，可能非常陌生，连名字都还没有听说过。事实上，它确实是一家非常年轻的公司，以生产女性瑜伽服（运动人群中一个小众群体的运动服）而出名。但是它面对的竞争对手，却是长期占据运动市场的巨头们比如：NIKE（耐克）、ADIDAS（阿迪达斯）、Under Armour（安德玛）等等，如果从传统商业的角度来看，Lululemon 成功的希望似乎很渺茫。

在传统商业中处于"劣势"的 Lululemon 如何脱颖而出？

Lululemon 的创始人 Chip Wilson 坦言，我们进入的市场是一个竞争非常激烈的市场，市场已相当成熟，接近饱和，我们的竞争对手们如 NIKE（耐克）、ADIDAS（阿迪达斯）、Under Armour（安德玛）等等，比我们更具竞争优势。与他们直接竞争，会给我们带来价格的压力，利润空间的缩小或者失去市场份额，而这其中的任何一种结果都会使我们的经营受损。同时，由于我们生产的服装品类介于运动服与功能休闲服之间，我们还要与一些大型非运动类的服装商直接竞争，它们是一些多元化的服装公司，已经占据了相当一部分的市场份额，并且把他们的产品线衍生到了运动风的休闲服饰领域，比如 Gap 也在生产纯棉 T 恤和纯棉运动衫，Abercrombie 以及维多利亚的秘密推出了女性运动内衣，连 Levi's，这家只生产牛仔服饰的品牌，也试图从中"插一脚"，推出了更"舒适"的适合运动的牛仔裤。除此之外，我们的竞争对手还包括一些专业女性运动服饰以及专业的瑜伽服生产品牌。

这些竞争对手们，他们比我们有更长的品牌历史，更多的客户群，更广泛的供应商关系，更高的品牌知名度，比我们拥有更多的资本实力，研发能力，营销及分销等其他资源优势。

此外，因为我们在生产技术、织物及产品制造过程中，没有任何的专利或者知识产权，这不仅使我们的产品没有什么技术优势，也会使我们现阶段及未来的竞争者们能够迅速制造出与我们的产品特性相似的产品，或者很容易地模仿我们的制造技术及产品风格。总的来说，我们在产品方面并没有什么优势。

那么，在传统商业中，像 Lululemon 这样一家既没有品牌优势，资本优势，市场优势，也没有产品优势的企业，或许连生存下去都很困难，又如何能够从竞争对手手中抢占份额，甚至是击败强大的竞争对手呢？

2. 建立自己的圈层

Lululemon（露露柠檬）从创立之初，就已经决定了要做圈层商业，它面对的不再是传统的大众消费者，而是一开始就锁定了某一个特殊群体。并且与传统运动品牌主要盯着男性及跑步、篮球、足球等体育爱好者不同，Lululemon瞄准的人群是在都市里工作的年轻妈妈们。可以说 Lululemon 的运动装就是为年轻妈妈们"量身打造"的。Lululemon 对它的目标群体有一个非常明确的界定：她们的年龄是 25 岁—34 岁，受过良好的教育，有一份不错的工作，并讲究健康的生活方式。

为何瞄准的是这一用户群？Lululemon 的创始人解释道：因为现在越来越多的年轻妈妈们，需要在她们繁忙的日常生活中挤出时间来运动，这些时间并不是固定的，而是利用穿插在生活中的琐碎时间，有可能是在孩子们打盹的间隙，或者是趁孩子还未醒来的清晨，也可能是在上下班途中等等。这些妈妈们正在寻找适合这种生活方式的运动装，Lululemon 正是在此基础上，应运而生。

Lululemon 了解它的用户群们希望运动装更时尚，这样即便她们（年轻的妈妈们）在运动时碰到了熟人，也依然看起来不错，不会显得狼狈，能够避免尴尬。与此同时，如果她们愿意的话，还可以在运动完之后，穿着运动装直接去餐厅与朋友一起享用晚餐。此外，他们应该还希望运动装有更高的舒适度，能够在日常生活中穿着，因为她们穿着运动装不只是为了运动，更是为了应对无时无刻都在忙碌奔波的生活。她们几乎一直都在忙着各种不同的事。下了班之后需要去学校接孩子，时常要搬运杂货，还要负担家务劳动等等。

Lululemon 理解它的圈层用户们，并且准确地抓住了她们最在意的事情。那就是：如果运动前后有事情要做，那么穿着什么样的运动装，既可以保证运动的舒适性，又不会影响接下来要做的事情。答案就是 Lululemon。Lululemon 创造了一种全新的"时尚运动风"，运动装兼顾舒适与时尚，让忙碌的年轻妈妈们即使在繁忙的间隙，也能利用短暂的时间"优雅的运动"。

如今，Lululemon 已俨然成为时尚的代名词。无论是大牌明星还是普通主妇，每人都以拥有一件露露柠檬（Lululemon）的产品为荣。国际大牌明星艾薇儿（Avril Lavigne）在穿 Lululemon，波姬·小丝（Brooke Shields）在穿 Lululemon。詹妮弗·加纳（Jennifer Garner）、柯特妮·考克斯（Courteney Cox）、凯特·温丝莱特（Kate Winslet）以及凯特·哈德森（Kate Hudson）都在穿 Lululemon。Lululemon 的"铁杆粉丝"还自发建立了 Lululemon 的博客

以及 Facebook 群。

此外 Lululemon 还带动了女性健身热潮，并通过开瑜伽课等方式，将此前不爱运动的女性加入到瑜伽运动中，现在美国瑜伽运动已有 1300 万人参与。Lululemon 也因此成为很多女性日常社交、聚会的生活方式。可以说 Lululemon 已经建立起了自己的圈层，开始了它的圈层商业。

3. 用圈层"搏倒"商业巨头

或许有的人说 Lululemon 的成功是因为侥幸，市场上没有专门针对女性消费者的运动品牌，让 Lululemon "钻了空子"。但其实很多运动巨头们早就估计到了这块市场的巨大，它们当然不可能就这样白白把市场拱手相让给"新晋"品牌，在 Lululemon 之前，它们已经就想方设法要吃下这块蛋糕，只是都没能成功。

在 2004 年，阿迪达斯同 Stella Mc Cartney 在女子产品设计展开的合作，就为这场战争拉开了序幕。耐克在 2011 年加入，推出了耐克训练俱乐部（Nike Training Club），一个专为女士锻炼而设的应用程序，2013 年正式宣布主打女性消费者。这块诱人可口的大蛋糕，还吸引了一些快时尚产业巨头加入了这场竞争。2010 年，美国快时尚品牌 Forever21 就发布了针对女性的运动休闲产品线。Gap 旗下的 Athleta 等发展势头也非常迅猛。而耐克公司部分管理层离职后创立的 LUCY 品牌，也在争夺美国女性运动休闲服装市场份额，让这场战争进一步升级。2015 年，耐克更是"全力以赴"地开发女性市场，把相当的资源都分给了女性产品线。经过近几年的市场开发，耐克2015财年显示这块业务已经有了20%的增长，但仍然只占了总量的一小部分。对此，耐克的解释是：这是因为女人是一种复杂的生物，她们的消费忠实地说明了这一点。那这是不是事实呢？

从下面的一组数据中，我们可以了解到Lululemon与这些巨头的较量中，究竟是谁更胜一筹，谁更切合女性消费者的需求。

从市场份额来看，根据研究公司NPD集团的数据，2014年女子运动市场的销售额已经超过180亿美元，而其中很大一部分是像Lululemon这样的"新晋"品牌贡献的。

从品牌受欢迎程度来看，在2014年第16届消费者品牌年度会议ICR Xchange's上，公开了一组由Target Research Group调查得到的运动品牌消费者数据。调查的运动品牌包括：lululemon、Adidas、Gap、Nike、Reebok、Under Armour。调查的消费对象是25岁至35岁之间的消费者，分别在美国和加拿大两个国家进行。研究小组让这些消费者在这些品牌中，选择自己最喜欢的品牌，再由研究小组收集数据后，计算出各品牌的受欢迎比例。

调查结果让人吃惊，lululemon在美国获得了55%的支持率，而其在加拿大获得的支持率更是高达60%，大部分25岁至35岁的消费者选择lululemon为他们最喜爱的品牌。Nike是此次调查中第二受欢迎的品牌，它在美国获得了45%的支持率，而在加拿大仅获得了38%的支持率，仅有1/3左右的消费者说，Nike是他们购买运动商品时的第一选择。Gap虽然也出售专业的瑜伽服，但在美国仅仅获得了29%的支持率。调查结果中Lululemon大大超过了其他大品牌。

从发展速度来看，Lululemon 过去 3 年的收入及盈利增长率已经超过了其竞争对手。数据显示，Lululemon 的年均增长率为 45%，而 Gap 和 Under Armour 的年均增长率分别为 29% 和 31%，Adidas 和 Nike 则为 10%。

一组相似的数据是，Lululemon 过去 3 年的 CAGR（复合年均增长率）为 65%，Gap 为 14%，Under Armour 为 38%，Adidas 和 Nike 分别为 41% 和 12%。即使 Lululemon 的增长速度在未来有可能会放慢，但预测仍然会高于其竞争对手。

在以上数据中可以看出，Lululemon 的表现显然已超过了其竞争对手 Nike、Adidas、Under Armour 这些传统运动巨头们，在运动服饰市场占据了一席之地。在传统商业时代，一无优势的 Lululemon，在圈层商业中却出乎意料地"搏倒"了那些商业巨头，只用了短短几年的时间，就在竞争激烈的运动服饰品牌中脱颖而出。

4. 价格战抢不走的市场

如果放在传统商业时代，为了抢占市场份额，品牌们之间一定已经开始打响了价格战。Nike、Adidas、Under Armour 的打折降价活动，会逼迫 Lululemon 也不得不，不断降价，缩减自己的利润，以扩大自己的市场份额。此外，作为一个新晋且知名度不高的品牌，Lululemon 的价格应该比 Nike、Adidas 要低，否则就根本没有吸引消费者购买的理由。有谁想要尝试去购买一个没怎么听说过，价格又昂贵的新品牌呢？那么在传统商业中适用的价格法则，在圈层商业时代，也是如此吗？

与大部分人的预期相反，Lululemon 的价位走的是轻奢路线，以基本款的运动背心为例，Lululemon 一款名为 Swiftly Racerback 轻盈极速女士背心的售价达 450 元，而 Under Armour UA 女子运动训练速干背心售价为 229 元—249 元，Nike 的女子训练背心则只需要 169 元，Lululemon 的价格几乎比 Under Armour UA 和 Nike 高了两倍。技术含量较低的运动发带 Lululemon 售价 129 元，Under Armour 和 Nike 售价分别为 99 元和 89 元，也高于其他两个品牌。此外，Lululemon 的运动文胸价格同样高于后两个品牌。

不仅如此，在 Ticker Mine 的调查中，还发现 Lululemon 消费者单次入店的平均消费额是 50 美元。其中，45% 的消费者的平均消费是 50 美元—75 美元；37% 的消费者的平均消费是 75 美元—125 美元；平均消费在 40 美元以下的消费者，在此次调查中并没有出现。调查还显示 Lululemon 每平方英尺零售额近 2000 美元，而这是一个只有苹果（Apple）和蒂芬妮（Tiffanys）才可以击败的数据。

由此看来，购买 Lululemon 的消费者并不是因为价格便宜，相反正是因为 Lululemon 的价格比较贵，才使得 lululenmon 的圈层用户"白领妈妈们"愿意为其买单，因为她们觉得这样的价格才切合她们的身份。实际上，lululenmon 已经用价格圈定了它的用户圈层，lululenmon 并不是适合所有人买的大众消费品，而是只面向时尚白领女性们的圈层商品。因此与打价格战相反，Lululemon 不仅没有降价，而且还在不断涨价。Lululemon 的畅销打底裤，2015 年价格上涨了将近 22%，基本处于 128 美元—148 美元之间，其中一些流行款的价格甚至涨到了 150 美元以上。除此之外，一些紧身运动裤的价格也从 72 美

元上涨到了 88 美元。

Lululemon 对自己的圈层建立起了一道"价格围墙",不是任何人都可以进入这个圈层,只有符合设定条件与身份的人才能通过这个"围墙",进入圈层中。同时,Lululemon 塑造的品牌价值观以及传达出的时髦设计理念,使 Lululemon 成为了进入白领女性圈层的"社交货币",不少女性在买完 Lululemon 后,才有了社交的话题,才能够融入白领女性这一社交圈子。

传统商业中的价格战对圈层品牌起不了作用,因为圈层品牌的价格是根据圈层用户来决定的,价格是维持圈层稳定性的重要原因之一。试想如果 Lululemon 也加入到价格战之中,不断降低价格,那么 Lululemon 现阶段的圈层用户们是否还会继续"买单"?因此即使是竞争对手不断降低价格,对圈层用户们也不会产生影响,因为圈层用户购买的已不仅仅是商品,更多的是一种生活方式,或者一种精神追求。商品的标价也不仅仅是衡量商品本身的价值,更多的是圈层用户们彰显自我的一个元素。

而圈层商业能够"以小搏大",回避自身在规模、资本、产品上的种种劣势,"搏倒"大品牌,最关键的一点还是在圈层商业中发挥了圈层的力量。圈层品牌与圈层用户间产生了强大的"精神的共鸣",因而圈层用户对品牌产生了归属感,使圈层品牌与用户间具有了牢不可破的黏性。

二、牢不可破的黏性和归属感

圈层商业中，企业与用户是一个集结体，同时，圈层商业还直接将人的物质需求和精神需求连接在一起，这让圈层商业具有了牢不可破的黏性和归属感。在圈层商业中，企业与消费者不再是分开的两个阵营，互相"敌对"，而是企业与用户相互认同，共同推进。他们具有共同的精神追求，统一的价值取向。企业的创立者代表了圈层用户的核心需求，为其发声。同时，圈层商业又是依托于圈层之上的商业形式，它具有了圈层自身的强大聚合力和生命力。

1. 牢固的精神纽带

圈层商业的强大，最重要的一点是建立了与圈层用户的"精神连接"，挖掘出了圈层用户潜在的精神需求，或者价值观，并使他们获得了精神上的满足，从而让他们对品牌产生了归属感。Lululemon 等圈层品牌的快速成功正

印证了这一点，这个圈层品牌代表了自信独立的运动女性。

Lululemon 已敏感地察觉到，都市女性们的价值观正在发生改变，变得越来越自强自立。这从广告的变化上，也能看得出来。最新的广告商们已经开始向女性兜售汽车、金融产品等女性负担得起的大额消费品。女性们购买这些消费品的目的是为了庆祝自己的独立自强，而不再是为了吸引男性，或者取悦自己的丈夫。传统广告中，故意"恐吓"女性的做法，例如"你需要永葆年轻"等等已不再起作用。让女性掏腰包最好的方式是承认她们的长处，而不是利用她们的弱点。

这股自信自立的风潮也开始影响到了运动服饰领域。一位商业调查员称：女人们穿着时尚高端的运动服饰并不是为了试着取悦男性，而是为了展现给其他女性。英国女性去年夏天刚好进行了一项关于女性穿着的调查，调查的结果正印证了这一点。参与这项调查的女性年龄为 18 岁—30 岁之间，人数超过 2000 名。这其中有 2/3 的女性宣称她们决定如何着装时，想要取悦男性的念头越来越少，相反她们打不打扮主要是因为出席的场合及要与什么样的女性见面。著名的时尚博客"The Man Repeller"的作者 Leandra Medine，对此非常赞同。女性已经越来越独立了，特别是一些在大城市中工作的年轻白领。

Lululemon 观察到了它的圈层用户——年轻白领女性的精神需求，打造出"积极、乐观、自信"的品牌价值观。瑜伽并不仅仅是为了健身，更是一种健康的生活方式，它鼓励女性们去改变自我，热爱生活，在 Lululemon 的购物袋上，总是印着一些鼓舞人心的话语，比如"每天做一件让自己惊讶的事情""你的人生观是你有多爱自己的直接体现"，"深呼吸，享受这一刻，活在当下也许就是生命的意义"等等。对喜欢 lululenmon 的人们来说，它已经变成了人们的一种社交工具，给女性带来自信和美丽。

如果说 Lululemon 代表了自信独立的运动女性，那么 Outdoor Voices 则代表了快乐时尚的运动女人。

Outdoor Voices，谁能想到这个品牌的创始人 Tyler Haney 今年只有 27 岁，却凭借 Outdoor Voices 进入了福布斯 30 榜单。令人感到不可思议的是，这个创立于 2013 年的年轻品牌，为何在短短两年时间内，就获得了如此大的成功。

Outdoor Voices 的成功与创始人 Tyler Haney 创作这一品牌时的价值理念密不可分。提起 Outdoor Voices 的创立初衷。Tyler Haney 说，高中时期，她也穿着 Nike 等那些以"更快、更强、更努力"为信条的运动品牌。但她提到一点："我感觉市面上可能缺少一些东西——更女性化与更运动的有力结合。我能看到的所有都让人感到男性气魄和强壮，某种程度上可能非常专断。就像你如果要运动的话，就必须穿成某种运动员的样子。"换言之，如果稍微时髦一点的女孩子可能并不会喜欢那些设计，但在市场上那些又代表最好的品牌和质量。

直到大学，Tyler Haney 有了创造一个运动品牌的想法，提倡以完全不同的方式去运动，可能是轻松、愉快、适度的，渐渐地她有了自己品牌的价值观，那就是"因运动而快乐"，而不是想着竞争、讲究性能。"但我也不能在运动装市场找到让我有感觉、产生共鸣的产品。我平时穿着 Acne Studios 或者 A. P. C. ，而市场上所有的运动装几乎都是黑色、尼龙、带小孔的，所以我创立了 Outdoor Voices。"她说。

正是有了这样独特的价值理念，唤起了很多热爱运动，同时也讲究时尚的女性们的共鸣，使品牌在短时间内大获成功。运动对这些女性们来说，是生活的一部分。与运动品牌普遍宣传的精疲力竭、大汗淋漓的形象完全不同，Outdoor Voices 推行的是一种"轻运动"的生活方式。在 Outdoor Voices，练瑜伽、出门遛狗、爬爬山都是运动的一种形式，Outdoor Voices 的追随者们也称之为"运动生活"。纽约时报一位记者在写 Outdoor Voices 的文章提到，从没见过任何地方像这里一样聚集这么多美丽、精致女人。

在圈层商业中，品牌的价值观与用户的精神追求是否切合是最主要的元素，以上这些圈层品牌就准确地瞄准了某一类型的女性消费者（或者创始人自身就属于这一类型的人，例如 Outdoor Voices），深入地了解她们的想法，然后在功能上，在价值观上去迎合用户的需求。因而能够设计出更符合她们内心需求的产品。这些产品让用户产生了归属感，因而得到了圈层用户们的积极响应。

反观耐克的做法。耐克的品牌总裁 Trevor Edwards 在回答记者采访时，仍然说的是"我们未来主要是为女士提供一个机会，提供优质的产品，一流的服务和一流的经验。"耐克女性的业务负责人艾米 Montagne 也说："我们所做的一切以运动员和衣服性能为第一。"缺乏价值观的支撑，还停留在产品的层面，"着迷于"探讨服装性能的耐克，能吸引的还是一些"运动发烧友"及"科技发烧友"，耐克想要像 lululemon 一样，获得更多女性消费者的青睐，还需要做更大的转变。

2. 让人上瘾的消费体验

因为与消费者建立起了牢固的精神纽带，消费者在消费前都会充满期待，消费时异常兴奋，这是一种让人上瘾的消费体验。Lululenmon 的一个圈层消费者，在她的博客 FitCityBlonde 中就表达了她对 Lululenmon 的痴迷。"显而易见，我已沉迷于 Lululemon 无法自拔，每周二晚上 7 时左右，我都会准时坐在电脑前，不断刷新着 lululenmon 的网页，等待着"What's New"（新商品）板块中，上传的最新产品信息。每周四早上，我起床后的第一件事就是查看 lululenmon "We Made Too Much"（打折商品）的板块有没有产品更新。"

这种让人上瘾的消费体验，在传统商业中，较难实现。因为传统商业中，消费者基本上是"买我所需"，每次去购物之前，都有明确的需求，要买哪些东西，去什么地方购买，价格大概是什么样的，这些在我们的脑中，已经有了一个大体的概念。有的消费者甚至还会列一张清单，把商品的名目、数量等等记录下来，以防自己忘记。圈层商业中，消费者已不单单只是在消费"商品"，也是在消费"品牌的精神与价值观"，使自我的精神追求得到满足。消费者在购买圈层产品时，不是因为有明确的产品需求，而是追求一种精神上的愉悦，这种愉悦感让消费者对品牌好像"上瘾"了一般，狂热地"沉迷"于其中，无法自拔。消费者们与其说是去购买产品，不如说是去购买一种"精神体验"。

RobinLewis 零售专家及畅销书"Creating what retail（怎样创建零售）"的

作者，在其个人微博上这样说。"这是一段让人上瘾的消费体验，因为每一次的消费体验都是消费者与品牌共同创造的，他们共同塑造了购物当下的心情"，这让消费者们感到"迫不及待"，他们来了一次，还会想来第二次，第三次……

这种上瘾体验来源于品牌与消费者两方面的努力。品牌对消费者们进行引导，消费者的积极参与让消费者与品牌产生了共鸣。这样的结果导致了消费者的上瘾，他们购买了"成吨"的商品，并且无法从这种"体验"中抽离出来。因为在如此"融洽"的购物过程中，消费者的大脑分泌出了一种叫多巴胺的化学物（它能够让人产生愉快感，自我满意度，幸福感，并可能导致上瘾。）。在这一时刻，消费者与品牌在精神领域或者价值观上，达到了完美的融合。

Lululenmon 即用瑜伽，与消费者共同营造出了这种体验。Lululemon 通过不定期开设免费的瑜伽课和讨论小组与消费者们保持着密切的联系，以此来不断获取消费者们的内在需求。他们雇佣消费者中，对瑜伽及运动非常热衷的人，让她们在 Lululemon 的专卖店中，穿着 Lululemon 的运动装，练习普拉提，甚至是热舞等。同时，每个 lululenmon 的专卖店都会定期举办活动，活动的主题例如"奔跑（Run），瑜伽（Yoga），呼吸（Breathe），大笑（Laugh）"（RYBL）等等，这样一方面能够不断吸引新的消费者，一方面推进已有的圈层用户们更加融入到品牌中来。

当你走进 lululenmon 的专卖店，你会感受到一种与众不同的融洽气氛，专卖店中聚集了一群"志同道合"的人，lululenmon 就像一块磁铁一样，把他们紧紧吸引到了一起。这样一群相同想法与爱好的人，通过 lululenmon 聚合到一起，共同体验 lulu 所传达出的"自信""美好"以及"生活的乐趣"。这样一段美好的经历，让人们感到欢欣鼓舞，同时，它所带来的兴奋与感动更远远超过了购买一件很酷的运动装带来的快乐。

与 lululenmon 相似的品牌还有 Pirch——"一个梦想的地方"，Pirch 也同样创造出了令人上瘾的消费体验。

Pirch 是一家面对高端白领人群销售家具电器的零售商店，Pirch 的创始人将它称为"一个梦想的地方"，来到这里的消费者们可以体验到他们所憧憬的"美好生活"。你可以在店内散步，在 Pirch 里的布里斯咖啡馆（BlissCafé）享用一杯免费的拿铁咖啡或者柠檬姜水。当你走过厨房用品区，你会闻到一股香喷喷的食物香味，Pirch 特别雇佣的高级厨师们正在烤着肥鸡或者烹饪美味的料理，接下来你会来到一尘不染的卫浴间——那是一间配备着淋浴喷头、桑拿房和浴缸的豪华浴室。顾客们甚至可以安排时间来亲身体验这些淋浴器（Pirch 会为你提供浴袍）。据 Pirch 统计，购物者在此平均逗留的时间长达两个多小时，这还不包括在店内享受淋浴的消费者。他们沉溺于此，仿佛来到了一个梦想中的世界。

3. 极高的品牌忠诚度

圈层品牌与消费者们建立了牢固的精神连接，共同创造出了愉快而令人上瘾的消费体验。在圈层商业中，消费者们更关注的是品牌所传达的价值观；在传统商业中，消费者们更关注的是产品及产品相关信息。传统商业中所谈

论的消费者忠诚度，很大程度上，是对产品的忠诚，而不是对品牌的忠诚。因而，圈层品牌拥有了比传统商业更高的品牌忠诚度，下面，我们根据大部分传统商业中，消费者"忠诚"的动机及行为，将其划分为 5 种类型。

一是满意的消费者。这一类型的消费者是非常"危险"的。你觉得他们看起来很快乐，因为他们对产品或服务非常满意，他们并不讨厌你，但是他们也并不喜欢你。这些消费者们或许喜欢你的产品或服务，即使没有提供任何激励消费的措施，也依然"忠诚"于你，他们并不抱怨也不会离开，直到你的竞争对手提供了更优质的产品或服务，能为他们带来更大的价值。

二是忠诚于"积分计划"的消费者。这些消费者们只是忠诚于你提供的"积分计划"或者"顾客忠诚度维系方案"，并不是真正喜欢你的产品或者服务。他们看起来非常"忠诚"，因为他们来了一次又一次，但并不是因为他们喜欢你。他们再次购买只是因为他们享受着在会员卡上打上积分，看着积分不断累加的快感。就像航空公司的做法一样，一些消费者或许会坚持使用某一家航空公司，因为他们不断积累积分达到一定的额度，就能够免费兑换相应的里程数。对这些消费者来说，福利甚至比价格更重要。

三是热衷"便利"的消费者。在这里消费的人，一开始之所以会选择你，仅仅是因为在这里买东西，比较"便利"，有可能是因为你的地理位置，或者商品的挑选方式及购买方式等等。他们有可能尚未知道其他竞争对手的存在。他们或许对价格也并不敏感，他们只想图个方便。这样的消费者有可能会提高他对你的忠诚度，如果你给了他们一个不错的理由。

四是懒得改变的消费者。这些消费者们，他们其实并不喜欢你，不喜欢你的产品或者你的服务，但仍然继续在这里消费。因为他们觉得改变的过程比忍耐不愉快要麻烦得多。例如，一个消费者或许并不喜欢现在使用的银行，但仍选择继续在这里交易，因为他觉得如果更换别的银行，他需要填写一大堆新的表格，并把钱转移到新的银行卡上等等进行一系列的操作，太麻烦了。但如果简化改变的操作及步骤，这些消费者极有可能会离你而去。

五是忠诚于"低价"的消费者。如果你选择在低价领域竞争。你会发现你的消费者，比起你的产品会更忠实于你所提供的价格。但是一旦他们发现了比你价格更低的竞争对手，他们便会离你而去。如果你在广告中写到你的价格是最低的，那么你最好按你所说的做到。

从上面的 5 类常见的"忠诚"消费者身上，传统商业中，所谓的"忠诚"消费者忠诚的动机基本与"品牌"无关，而是聚焦于产品或服务的基础上。这样建立起来的"忠诚度"只是一种表面的"忠诚"，一旦竞争对手提供更具竞争力的条件，好不容易培养起来的这批"忠诚"消费者们，便极有可能"移情别恋"。圈层商业中的消费者们则与此不同，因为与品牌建立了牢固的精神纽带，他们更多的是忠诚于品牌所传达的价值观，而不是忠诚于产品。因此，相比传统商业，他们具有更高的稳定性。

TickerMine 此前针对 Lululemon 消费者的重复购买率，对 Lululemon 专卖店的销售员进行了一项调查，销售员表示，大部分的消费者都是 Lululemon 的老顾客。调查中，TickerMine 让销售员选择老顾客所占比例，结果显示有 37% 的销售员选择"50% 至 60% 的客人是老顾客"；29% 的销售员选择"60% 至 75% 的客人是老顾客"；15% 的销售员选择"有超过 75% 的客人是老顾客"。这是一个非常高的数据。

同时，圈层品牌对他们（圈层用户们）来说，已不仅仅只是一个品牌，

它早已化身为"品牌偶像"。他们对圈层品牌的喜爱和崇拜程度不亚于真实的粉丝对偶像明星的狂热程度。

例如圈层品牌无印良品。它的圈层用户们就经常在网上抱怨:"为什么无印良品还没开到我所在的城市?"此外,无印良品在日本东京的第一家独立街边店——1983 年开业的青山店(内部称为"1 号店"),早成为了观光景点,是全球粉丝去日本的"朝拜圣地"。

此外,圈层商业中消费者们的品牌忠诚度,不仅仅体现在重复购买行为和对品牌的疯狂喜爱上。圈层商业中,因为消费者与品牌集结为了一个整体,共处于一个圈层中,因而圈层消费者们还自发地支援品牌,帮助其他的圈层消费者。例如 Lululenmon 的消费者们就是这样做的。如果有的消费者想要购买的 lululenmon 商品在附近的专卖店买不到,或者是他们在 lululenmon 无法送货的偏远地区,他们可以在网上寻求 Lululenmon 忠实粉丝们的帮助。这些 lulu 的"死忠粉们",自称为"LuluAngels"(lulu 天使),专门建立了一个 lululenmon 的代购网站,帮助那些无法购买商品的消费者代购并邮寄到他们的手中。

无印良品的消费者们也是因为喜爱无印良品这个品牌,才自愿加入其中。据调查显示,中国区 90% 左右的员工,是因为先喜欢上无印良品这个品牌才决定加入这家公司,成为其员工的。

圈层商业中,品牌与消费者建立了牢固的精神纽带、品牌与消费者共同创造的令人上瘾的消费体验,消费者对品牌具有的极高忠诚度,产生的归属感及牢不可破的黏性,都使得建立起来的圈层品牌,拥有了传统商业所不曾拥有的强大"实力"和传统商业无可比拟的优越性。圈层商业,对某种价值观、态度、兴趣追求到极致之后,甚至可以超越品牌本身。

诺基亚、柯达、摩托罗拉等品牌为什么从高峰期衰落后就一蹶不振，关键就是他们只有消费者，而没有自己的核心圈层。他们的品牌缺乏真正的魅力。

三、圈层商业可以无限生命周期

1. 企业生命周期理论

在管理学中认为企业如人，都会经历出生、成长、成熟、衰退的一般过程，具有自己的成长规律。20世纪50年代末，由美国学者马森·海尔瑞首先提出了可以用生物学中的"生命周期"观点来看待企业，认为企业的发展也符合生物学中的成长曲线。1972年，美国哈佛大学的拉瑞·格雷纳教授在《组织成长的演变和变革》一文中第一次正式提出了企业生命周期概念。此后，国外许多学者围绕企业生命周期进行了深入研究。从一定意义上说，企业生命周期理论也叫企业成长理论，该理论经过近半个世纪的丰富发展，已经成为现代管理理论中的一个重要组成部分，也是企业战略管理理论众多流派中的一个重要分支，许多企业在这一理论指导下进行了成功实践。

企业生命周期理论认为，企业存在生命周期现象，而且企业生命周期各阶段都遵循大致相同的规律。到目前为止有 20 多种不同的生命周期理论模型，大多数模型都将企业生命周期简单划分为 4 个阶段，即初创期、成长期、成熟期和衰退期。企业在不同的阶段所追求的目标、关注的重点问题和所存在的风险各不相同。

2. 企业生命周期的主要特点

企业的生命周期具有无限性。生物的生命周期有其死亡的必然性。但对于企业而言，由于毕竟是一个人造系统，不存在必然要死亡的内在因素。企业的死亡是人类行为的结果，是由不合理的企业制度、不适宜的企业文化、薄弱的创新能力、决策过程的不科学造成的。归根结底，是企业对环境的不适应造成的。如果企业不断改变、调整，保证自身与环境的适应性，就能长生不老。

企业的生命周期具有突变性。生物体一般体现为相对完整的生命周期过程。对于企业而言，经济政策的变化、原材料供应的变化、市场需求的变化、技术创新程度等，都可能使企业发生质的变化。在企业产生、成长、成熟、衰退的每个阶段都会发生突变，可能会过早的老化，也可能会夭折。

3. 影响企业生命周期的因素

企业的生命周期主要受到技术生命周期、产品生命周期、产业生命周期、宏观环境变化以及企业自身素质的影响。

技术生命周期：依托一项核心技术经营的企业，核心技术的生命周期影响企业的生命周期，两者具有一定的同步性，例如，核心技术处于成长期，企业也往往处于成长期，核心技术被新技术替代，进入衰退期，企业如果不进行技术升级，也将步入衰退期。

产品生命周期：对单一产品企业而言，企业的生命周期与产品的生命周期具有一定的同步性，但不会超过产品的生命周期；对于多产品的企业，企业生命周期与产品生命周期曲线的叠加具有一定的同步性，经营得好的话企业生命周期可超过单一产品周期。充分发挥企业核心能力，优化产品种类，实现范围经济，回避单一产品风险，对企业经营具有重要意义。

产业生命周期：单一行业企业，企业生命周期受行业生命周期影响，一般不会超过行业生命周期，产品门类齐全的大型企业的生命周期与行业生命周期具有一定的同步性，多产业的企业生命周期有可能超过行业生命周期。当整个行业进入衰退期时，企业应考虑退出，向其他具有成长性行业产业转移。

宏观环境变化：宏观环境包括国内外经济环境，国家法律政策环境（宏观调控政策、产业政策、融资政策、税收政策、货币政策），社会环境（人口老龄化），技术环境、自然环境等，对企业经营具有重要影响，环境变化通常会触发企业潜在一些风险，进而影响企业的健康状况而影响企业的生命周期。

企业自身素质：企业自身素质包括企业创业精神，创新能力，适应环境变化的能力，管理水平，运营能力，企业文化等。企业自身素质决定企业竞争力，基业长青的企业都具有核心竞争力。素质差的企业，如出现大企业病，官僚盛行，对变化反应慢，或者发展不成熟，管理不当的企业，往往早早步入衰退期。

4. 圈层商业可以实现无限生命周期

着眼于企业体本身，企业毋庸置疑是有生命周期的，再强大的企业都会衰亡，如果换一个角度，圈层商业则可实现无限生命周期。

因为圈层商业里所有的产品和服务的形式是可以变化的，产品不过是圈层维护的消耗品，不再是商业的核心，商业的核心转移到圈层用户的某种价值观、兴趣、态度等，以此作为最核心的工作来经营。在圈层商业中，只要锁定的圈层客户不变，并能通过引导维持圈层价值观的稳定，圈层自身能够产生不断进化的内在动力，并通过圈层的互动互生，自我淘汰，保持圈层的青春与活力，圈层商业就能持续发展下去。同时，互联网时代下的共享模式、工业 4.0 的来临也为圈层商业的持续发展提供了有利条件。人人共享增强了人们的参与意识，并丰富了人们的消费选择，让越来越多的人进入到圈层中

来，成为圈层的内在动力。工业 4.0 的来临为圈层商业的实现提供了新的生产工具，随着工业 4.0 技术的不断完善，圈层商业也将迎来它的"全胜时期"。

圈层商业实现无限商业周期的案例很多，就拿无印良品来说，无印良品简单地说，它就好像一个"杂货铺"，如果问你它的主打产品是什么，你一定说不上来。事实上，无印良品现在店铺中销售的所有 3000 种至 4000 种商品是可以替换的，它自己都没有一个固定的产品名目，但是不管销售的商品如何变化，无印良品都坚持维护自己的环保价值观，牢牢抓住极简主义的理念，并体现在产品之中。因为它只要维持住价值观的稳定，就能锁住自己的圈层用户，而有了稳定的圈层，无印良品就可以获得无限的生命周期。一样的案例还有，罗永浩的"锤子手机"，罗永浩只要维护自己的理想主义和情怀，就会有愿意追随他的圈层粉丝，他现在可以做手机、也可以做英语，他可以做与理想主义和情怀相关的一切。他的圈层粉丝们都会"买单"。以下我们通过日本时尚杂志《CanCam》的案例，对圈层商业如何实现无限商业周期，进行进一步阐释。

日本的杂志市场最近几年一直呈衰落趋势，一方面由于互联网线上媒体的冲击，一方面由于大部分的杂志实质上都是变相的"消费指南"，随着日本人消费预算的减少，人们对这类杂志的需求度也在逐渐降低。这一趋势也体现在了以往需求量最大的女性时尚杂志上，现在日本大部分女性时尚杂志的销售量都并不乐观，只有一个杂志除外，那就是《CanCam》，纵观日本女性时尚杂志的市场份额，《CanCam》已经占据了主导地位。

《CanCam》的名字来源于"ICanCampus（悦动校园）"的缩略，这反映

出了杂志的目标受众是校园里的大学生或者初出校园的公司新职员。与调查
统计的结果相吻合，数据显示该杂志读者的平均年龄为 23.02 岁。《CanCam》
杂志在推出后不久就达到了七十一万五千四百一十七的销售量，这是一个非
常惊人的数字。当时面向更广泛受众群体，有更长品牌历史的时尚杂志
《Shukan Bunshun》和《Shukan Post》也只有五十七万五千三百四十三和四十
三万六千七百七十五的销售量。

　　过去几年，《CanCam》一直主导着日本女性的时尚潮流。这其中一部分
的原因要基于 CanCam 创造出了一种"mote – kei"的潮流，并风靡了日本。
它是女性们在校园及初入职场时受欢迎的秘诀，"mote – kei"让你展现出个
人的魅力，但不需过于张扬个性及故意表现女性魅力。它的目的在于让你能
够融入群体中，受到更多人的欢迎。这恰好切合了很多日本人具有的"和"
价值观，日本人从小就习惯于依赖某一个团体。这个团体最初是自己的父母
和家庭，到了后来就是同乡、校友、公司同僚、业界同行之类。由家族、同
乡、校友组成的巨大的"关系网"，构成日本人生活和工作的全部：他们互
相依存，共享信息和资源。因此，在大多数日本人的思想里，他们害怕成为
"异类"，他们希望融入群体中，这对于初入校园的女性和初入职场的"新
人"尤为重要，因此《CanCam》所创造出来的"mote – kei"潮流成功了，
它紧紧抓住了目标用户的心理需求，圈定了一个圈层，建立了圈层商业。

　　这一点也体现在了杂志对模特的选择与整体风格上。与其他的时尚杂志
不同，《CanCam》更注重反映读者的"真实生活"，它们雇佣的模特并不是
特别高，或者身材特别好，并且它们使用的模特也与一般杂志（例如 ViVi）
不同，《CanCam》的模特基本是"土生土长"的日本人，没有混血儿或者白

人。这使得《CanCam》的圈层用户们更容易产生"代入感"，她们能够很容易地将杂志中的模特与自己联系起来，想象着自己穿着与模特一样的 Ebi-chan 鞋子的样子。同时，《CanCam》推荐的服装，也基本是在日本可以买到的价格亲民的服装品牌，再搭配一些比较昂贵的饰品。不管是品牌、价格还是设计都迎合了圈层用户们的需求。正是这些原因让《CanCam》杂志迅速大获成功。日本的年轻女性们，几乎每人都买过一两本《CanCam》杂志。

但是，随着《CanCam》杂志的发展，销售额却陷入了停滞不前的状态，原因是之前喜欢看《CanCam》杂志的圈层用户们已经长大了，20 多岁左右的少女风格已不再适用于她们。圈层用户们在逐渐增加，也在逐渐流失，有什么办法能够维持住这些"老用户们"呢？《CanCam》杂志的办法是，推出了一本新的杂志《AneCan》。《AneCan》是《CanCam》的圈层延伸。

2007 年 3 月，《CanCam》推出了进阶版《AneCan》。"Ane"是日语里"姐姐"的意思，所以它的目标人群是 30 岁左右的女性，准确地说，她们是长大了的《CanCam》杂志的圈层读者。《AneCan》可以说是《CanCam》的圈层延伸，这一点从两本杂志的命名上就能看出来（两本杂志的命名非常相似）。此外，杂志社还根据《CanCam》杂志的价值观与设计理念，原封不动地嫁接到了《AneCan》，只不过《AneCan》比《CanCam》的风格更成熟。甚至连模特，《AneCan》也是用了原来《CanCam》杂志上的模特，这些模特儿已经长大了，不再适合《CanCam》，但对这些陪伴着她们成长的圈层用户来说，仍有着深厚的感觉。于是杂志社将她们从《CanCam》转移到了《AneCan》，以继续维系着老用户圈层。

《AneCan》是《CanCam》的圈层延续，将原来忠实于《CanCam》的圈层读者们，延续到了一个新的平台，《AneCan》仍具有了《CanCam》的圈层特性，和圈层用户的高忠诚度。因此不难想象，《AneCan》也一定会大获成功。

《AneCan》杂志在发售初期，便凭借品牌的大热，获得了日本著名百货公司伊势丹的大力支持，与多家服装品牌达成了合作。在销售量上，《AneCan》创造了杂志发行的一个新纪录。据 Senken Shimbun 报道，2007 年 3 月 14 日，在《AneCan》仅仅创刊两周之际，就在短短的 4 天时间里，达到了 3000 万日元的销售额（约等于 25 万美元）。

《AneCan》的出现，实质上反映了圈层商业的发展壮大，是圈层商业生命周期延续的一个体现。《AneCan》不断聚集着从《CanCam》"迁移"过来的"老用户"圈层，《CanCam》则不断吸引着"新用户"圈层，直到"新用户"变成了"老用户"，再将其引向《AneCan》。《CanCam》与《AneCan》形成了大圈层中的两个小圈层，也正对应了我们在上文提到过的圈层的"分化期"。随着《CanCam》与《AneCan》的不断成熟、发展壮大，圈层商业也将继续分化，《CanCam》杂志社可以再推出针对 40 岁、50 岁左右的女性时尚杂志等等。圈层商业的生命将继续延续下去，无限循环。但《CanCam》与《AneCan》能实现无限生命期的本质在于，它们做的是圈层商业，有坚实的用户基础、牢不可破的黏性与极高的忠诚度。试想，如果它们做的不是圈层商业，而是传统商业，针对的是普通大众，没有明确的价值观，杂志的特色也不明显，例如我们所熟知的女性时尚杂志《瑞丽》、《悦己》等等，就无法利用这样的方式接续已有的消费群体。若它们推出一款新的杂志，它们必须得重新做推广宣传，去吸引新的消费人群。它们不能利用已有的客户群，一

方面由于它们的客户群体相比圈层，忠诚度不够高，另一方面这款新的杂志与原有的客户群体"关系不大"，它们之间不存在内在的价值联系。因此，传统商业的生命周期只能遵从于市场规律，最终面临被"淘汰"的命运，不能实现自身的无限生命周期。

从以上对圈层商业的阐述及案例说明中，我们看到了圈层商业与传统商业相比，表现出的无可比拟的优越性。这些优越性使圈层商业有了强大的力量，它不仅可以"搏倒"商业巨头，对其形成强有力的威胁，同时还使企业拥有了无限的生命周期。那么我们该如何去构建"圈层商业"？有哪些法则与关键步骤？这些法则与步骤又是如何应用到实战中去的？下一章中，我们将结合我们的亲身实践来加以阐述。

Circling-
Layering
Commerce

第六章

圈层商业的做法

圈层商业是将圈层进行商业化的过程，在本章中我们列出了圈层商业的两类操作模式——"转型者"和"革新者"的做法。它们都完成了圈层价值观的渗透，成功实践了圈层商业。

一、两种圈层商业模式

1. 传统商业转型者：产品——价值观

传统商业转型者的做法是，从原本的以产品和服务为核心的传统商业模式，转型为以用户价值观为核心的圈层商业模式。这一类企业通常为已经有产品及服务等功能优势的大中型传统企业，但是在产品和服务趋于同质化，竞争日益激烈的市场中，其所具有的领先优势逐渐降低，为了实现品牌的差异化，它们应从单纯挖掘产品功能与服务的传统做法，转移到挖掘用户的潜在心理需求与价值观，并通过企业与用户的双向沟通不断磨合优化，建立企业与消费者的稳固圈层，从而实现向圈层商业的转型。

例如我们所熟知的咖啡品牌星巴克，就是传统商业成功转型圈层商业的案例。2007 年随着众多咖啡连锁品牌的兴起，星巴克顾客的忠诚度在逐渐降低，星巴克将消费者锁定在办公室工作的年轻白领，并通过推出社会化媒体网站与目标群体进行双向交流，将星巴克的企业文化建立在消费者的价值体验上。事实上，星巴克的现在为人熟知的环保价值观，当初正是由它的圈层用户们提出的。为了征集用户们的意见，星巴克创立了一个"星巴克点子网站"，让星巴克的忠实粉丝们畅所欲言，星巴克的环保价值观就是在这里诞生的。

正是这样的双向交流方式，使星巴克成为了环保的先行者，促使了之后一系列的环保行动，例如鼓励消费者用自带的杯子买咖啡，并尽可能使用可再生能源等等。这些行动得到了目标消费者们的积极响应，吸引了越来越多"有社会责任感"的都市白领加入其中，并最终塑造了今天星巴克的价值观，星巴克也实现了向圈层商业的转型。

纸尿裤品牌"安尔乐"，也开始了它的圈层转型实践，将目标群体瞄准了"职场妈妈"。安尔乐理解它的圈层用户（职场妈妈）经常面临的两大困境：自信不足（长时间离开职场）和工作效率低（家庭工作冲突）。但其实成为妈妈后，责任心、耐心、细心、处事等各方面能力都在带宝宝过程中得到很大提升，这些能力能反馈到工作中，从而把工作做更好。因此，安尔乐提出了它的价值观——"妈妈，能把工作做更好"。这一举动随即引爆了讨论与转发，当天视频广告点击量达 10 万人次，许多妈妈表示共鸣，并成功塑造了品牌在消费者心目中的新形象。

2. 革新者：价值观——产品

革新者在创立之初就带有了非常鲜明的圈层商业属性，它们大多为新创企业，有明确的价值观和以此为导向的目标群体。革新者也是圈层价值观的创造者。它们通过价值观的传播和宣导，不断感染并吸引"志同道合者"对此产生共鸣，最终形成一个以革新者为核心的圈层商业。同时，革新者的价值观也是产品研发与设计的出发点，产品是圈层价值观的直接体现。因此，革新者是先有价值观，再通过产品来实现价值观的商业化。

例如上一章中，我们所提到的 outdoors，创始人 Tyler Haney 在创立 outdoors 之初就已经有了独到的价值观，它成了 outdoors 圈层商业的基础，outdoors 的产品，服务都是围绕着这一价值观产生的。TOMS 是美国著名的休闲服鞋品牌，在创立之初也一样带有鲜明的价值观。TOMS 意为"tomorrow's shoes"（明日希望之鞋）。因为 TOMS 的设计来源于阿根廷当地传统布鞋，但创始人 Blake Mycoskie 却发现当地很多小朋友却没有鞋穿，遂决定为当地人做点事。因此，在成立 TOMS 这个品牌时，他承诺每当你购买一双 Toms 鞋子，将会送一双鞋子给全球需要的孩子！TOMS 凭借鲜明的价值观与舒适的穿着体验，风靡了世界。与此相似的还有自媒体视频脱口秀"罗辑思维"主讲人罗振宇，他凭借自己独特的人格魅力，形成圈层的价值观，也成功吸引了一群"罗粉"。

革新者与传统商业转型者的商业模式略有不同的是，革新者因为切入点是价值观，圈层一开始便依靠价值观去维系，产品只是圈层企业实现价值观商业化的一个载体，因而革新者的产品，具有更大的"可变性"。罗振宇从一开始的卖书到后来的卖月饼，卖大米，圈层产品并不是固定的；知名财经作家吴晓波在创立自媒体《吴晓波频道》后，又开始卖酒，等等。革新者的产品可围绕其价值观去不断衍生，而传统商业转型者，因一开始的切入点是产品，而后衍生出价值观，产品的"可变性"也就相对较小。

二、圈层商业的运行逻辑

1. 运行原则

一是有核心，无边界。圈层商业以圈层用户精神层面的价值观、兴趣、态度等为核心，在此基础上连接产品和服务，不断扩大圈层商业的外延。

二是多迭代，快剔除。通过圈层用户的参与，圈层产品、服务不断与圈层产生连接，在连接中多次碰撞迭代、成功完成产品的筛选与功能的完善。

三是价值迭代。基于圈层生命周期的圈层产品和服务，在价值不断迭代的过程中，实现产品和服务的升级与分化。

上述原则如图 6—1 所示。

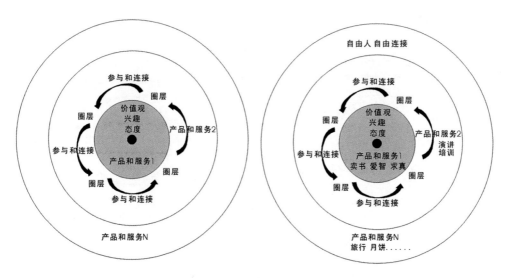

图6—1：圈层商业运行原则示意图

2. 圈层的商业连接

圈层内部的商业连接方式：

一是以价值观共创的圈层商业平台锁定核心圈层。

二是以切合价值观的产品和服务连接紧密圈层。

三是以免费共享的线上线下活动吸引外围圈层。

圈层成员的构成如图6—2所示。

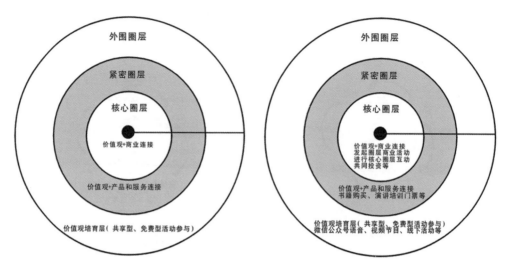

图6—2：圈层成员的构成示意图

三、圈层商业做法初探

1. 转型者的做法

转型者的做法，在众包模式及精益创业的实践方法基础上，有了进一步的提升。圈层商业要求一种更精准、更统一、更高效的双向协作模式。传统企业以自身优势的产品为切入点，挖掘产品物理价值背后的精神价值，以此引导并建立目标圈层，最后实现以价值观作为聚合点的圈层商业转型。

第一个问题：如何锁定圈层?

或许有很多企业说，我们面向的是大众市场。但即使你的产品是面向大众销售的，你也仍然需要先锁定一个目标圈层，作为首要切入的市场。因为，就算你觉得你的产品人人都适用，你也绝对无法制作、设计和定位一种可以让所有人都满意的产品。你觉得 Facebook 牛吧？但是他们在一开始的时候也

是锁定了一个圈层，那就是哈佛大学的学生。再说 MySpace，或许你不怎么了解，它是目前全球第二大社交网站，他们一开始锁定的用户群是好莱坞音乐圈。因而，转型的第一步就是要从目前的消费群体中，锁定一个目标圈层。

第一，列出所有可能的潜在圈层。

转型者本身具有产品的优势，因而我们一开始从产品着手，利用产品的功能作为衡量标准，去"筛选"适合的目标圈层。

想一想你产品的最大优势和卖点是什么？生产的初衷和原点是什么？为解决哪些人的问题和痛点？产品目前的市场情况和渠道资源如何？如何与用户接触？把这些信息与潜在目标圈层一一比对，并逐一列出，形成一个表格。

列出表格之后，典型化他们的使用场景，把这些信息与当前产品的市场情况、产品优势与可操作性结合起来考虑，找到这其中需求最迫切的早期接纳者，成为目标圈层。比如《精益创业》CloudFire 案例。如表 6—1 所示。

表 6—1：《精益创业》CloudFire 案例参考

产品描述：CloudFire 是一款让人能够直接在电脑上分享照片、视频和音乐的软件
卖点：使用 CloudFire 分享照片的时候，无需上传，其他人可以直接从浏览器中访问这些文件，无需安装任何客户端软件。
潜在圈层： ○摄像师圈层　　○摄影师圈层　　○多媒体发烧友　　○家长　　○自拍狂

第二，锁定早期接纳者——目标圈层。

目标圈层需同时符合 3 个条件：被困扰最深的、需求最迫切的；品牌产品能实现他们功能需求的。在潜在圈层中，同时符合这 3 个条件的就是我们的目标圈层。

再以 CloudFire 的案例为例。CloudFire 的潜在圈层包括 3 类：第一类是摄像师圈层。潜在利润空间大，但相对应的技术难度要求也高。第二类是多媒体发烧友和自拍狂。独特卖点说服力不够，盈利模式比较难实施。第三类是家长。产品切合度高，用户使用频率大：孩子出生后，父母拍照和摄像的频率猛增，家人朋友（尤其是老一辈）通常希望尽快看到这些东西。对技术的要求容易满足。

综合以上潜在圈层用户的需求与产品的切合度，我们可以判断产品的早期接纳者或者说目标圈层就是家长。

第三，验证可行性。

锁定了目标圈层之后，我们就要通过不断迭代，在企业给定的范围内，根据用户的实际行动反馈来验证可行性。验证的标准在于目标圈层对产品功能的需求点。企业需列出目标圈层对产品功能的核心诉求点，并查看市场上竞争对手提供的解决方案是否已能够很好地解决。比对竞争对手与自身产品对圈层用户的功能优势，验证所选取的目标圈层是否可行。

以 CloudFire 为例：一是 CloudFire 目标圈层（家长）的功能诉求点。共享大量的照片、视频、音频非常耗时，父母挤不出那么多的自由时间，尤其是刚刚带第一个孩子的父母和带婴幼儿的父母。二是现存的备选解决方案。Facebook Flickerpro. Smugmug Apple Mobile Me。三是圈层用户调查结果。现在的媒体共享解决方案太花费时间，而且有时候非常难用。通过以上 3 个步骤，CloudFire 锁定了其目标圈层——家长（尤其是家有婴幼儿或带第一胎孩子的家长）。由此可以看出，圈层用户的诉求还没能很好地解决，而 CloudFire 提

供的解决方案能够解决圈层用户的痛点。因此选取的目标圈层是可行的。

第二个问题：如何建立圈层？

锁定了目标圈层，定义了圈层用户的产品功能需求，还不能够建立起一个圈层。没有核心价值观的引导，这些用户就不会有强大的聚合力，无法形成圈层。在关键性的第二步中，我们需要将注意力从对产品的关注提升到挖掘产品与圈层用户价值观的结合上，使圈层用户形成高度统一的集体认知。但是，我们不可能直接向消费者询问，你有什么样的想法？你的心理需求是什么？因为很多时候，消费者自身，也并不清楚自己到底想要的是什么。这就需要企业先对圈层用户有一个价值观的引领。

第一，引领圈层价值观。

从圈层用户的角度出发，结合产品的功能卖点，设想圈层用户的心理需求，并列出可能的假设，对圈层用户进行引导。

比如，CloudFire 的圈层用户是家有婴幼儿的家长。CloudFire 的功能卖点是实现快速分享，弹指间就能分享成百上千的照片和视频。根据目标圈层的特点和产品的功能卖点，我们提出 CloudFire 圈层用户的价值需求，并以此引领：瞬间分享人生时刻；给忙碌的生活"减负"；把我的生活还给我。

第二，快速迭代。

从列出的圈层用户价值观中进行筛选，通过广告语，应用到网站、产品包装上。随后，根据用户的实际行动，实现圈层化双向交流。大部分的企业很容易地就陷入了一个误区，自以为清楚知道用户想要什么，也很容易折腾一堆东西后，发现它们毫无意义。这就表明了快速迭代的必要性，不怕尝试，不怕犯错，有错马上改。从目标圈层的反应中收集到真实的反馈，并相应地进行调整优化。这并非是向用户自以为是的需求让步，亦非告诉用户他们需要什么，因此，企业的主动引导，并不是把主动权完全给用户，而是根据用户的行为快速迭代，优化价值观，使之更为精准，降低自己的试错成本。通过快速迭代"企业主动引导 + 用户反馈"的方式，不断完善，直至找到最贴近圈层用户内心需求的价值观话语。

下面我们来看看 CloudFire 的 3 次尝试：

第一次尝试，是偏向产品功能的假设——"瞬间分享"。我们将"瞬间分享"的标语，放在了网站的首页上，收集用户的意见。大家的反馈是：这个页面没有什么特别之处，看起来和许多同类网站"差不太多"。大部分妈妈觉得自己现在使用的软件速度也挺快的。然后我们告诉他们，我们网站上写的是"瞬间分享"，这意味着她们"不用花任何时间"，就能分享上千的照片和视频。但我们发现"瞬间"这样的词汇，以及很多其他的营销常用词汇都已经被用滥了，所以用户们一般会直接忽略掉。

第二次迭代，是突出圈层用户的假设——"忙碌父母们的轻松分享"。我们将标语替换成"忙碌父母们的轻松分享"，进行第二次尝试。我们在页面上加了一个爆炸图标，突出"忙碌的父母们"希望借此能吸引目标圈层的注意，爆炸图标确实抓住了他们的眼球，网站的访问量增加了，但是却没能让他们停留下来，用户量依然没有增加。可见单纯突出圈层用户，只是吸引了目标用户的注意力，但还没有强大的理由说服他们产生停下来试一试的念头。

第三次迭代，是挖掘圈层用户心理的假设——"把你的生活还给你"。最后，我们不再描述产品优点，而是采用一个更感性的方式，摸索圈层用户的心中所想，并试着以最直白的方式，直接说出用户们的心声。这次的迭代成功了。"把你的生活还给你"这样的话，触动了圈层用户的情感，激起了圈层用户们的心理共鸣，也激发了他们对产品的兴趣。

第三，营造代入感，融入圈层。

挖掘出圈层用户的心理需求，唤起他们的心理共鸣，只是吸引住了圈层用户的注意力，但还不能让圈层用户产生归属感，完全融入这个圈子，这样建立起来的圈层，是不稳定的。圈层商业中常常使用"移情"的方式，通过画面、情境等方式营造出代入感，让圈层用户产生一种"说的就是我"或者"我也深有感触"的想法，吸引潜在的圈层用户融入这个圈子中。下面来看几个例子：

一是 papi 酱用价值观营造代入感。大热的网红名人"papi 酱"，能够在不到半年的时间迅速蹿红，虽然和她毒舌的吐槽风格有关，但更大一部分原因是她让圈层用户产生了代入感。她吐槽的话题几乎都是我们日常生活中常遇到的"龌龊"人和事，很多人在现实中隐忍不满，却能借她之口"一吐为快"，如此草根，如此接地气的表现形式，容易让人产生"移情"和激起共鸣；再加上 papi 酱的价值观——崇尚真实、摒弃虚伪、吐槽一切"装"的行为、倡导个体自由，正对了年轻一代人的胃口。因此，papi 酱能在短时间内爆红，其实和她价值观的选择与营造出的代入感密不可分。

二是 CloudFire 用画面营造代入感。CloudFire 在首页上就用一幅"忙碌的母亲一边抱着孩子，一边单手操作电脑"的画面营造出了代入感。这一典型画面，就是父母一边照顾孩子一边使用电脑时经常会发生的场景，可以说是父母忙碌生活的真实写照，很容易让父母联想到自己。不少妈妈，在看到这个画面时的第一反应是："我的生活就是这样的"。这不仅让圈层用户更有归属感，也使更多潜在的圈层用户愿意花点时间停下来看看这个网页，而当他们看到 CloudFire 的价值观"把你的生活还给你"，又再次激起了他们的共鸣，从而激发他们对产品的兴趣，逐步转化为 CloudFire 的圈层用户。

三是 Justin Bieber 用模仿营造代入感。说到 Justin Bieber，相信很多人都知道他，因为他已经非常火了，在社群媒体上他有 940 万粉丝，位居全球第二。但是把时光拉回到 2008 年，Justin Bieber 是谁？他还只是一个默默无名的加拿大小毛孩。Justin 在短时间内大热跟他建立圈层并营造出了代入感有很大的关系。他从一开始就锁定了一个圈层：8 岁至 15 岁的小女孩们。然后他做的所有事情，都围绕着这些人的喜好，他观察他们喜欢的音乐风格，观察他们日常的穿着打扮，留意他们使用的"口头禅"流行语，然后一一收集起来，模仿并融入自己的风格。他的音乐录影带，甚至他去拜访哪些 DJ，如何经营他的社群媒体都围绕着圈层的喜好来做。最终他成功地打入了他们的圈层，成为其中的一员。很多小女孩说他的音乐太好了，一听之后就黏住了，不停地播他的音乐。通过模仿圈层用户的喜好，Justin Bieber 不仅很快融入了圈层，也维持住了圈层的稳定。

第三个问题：如何进行圈层商业？

企业通过持续不断地价值观宣导，代入感营造，与圈层用户逐渐形成一个稳定的圈子。用户不再只是单纯的消费者，而是品牌的"忠实粉丝"与

"积极参与者"。就像小米建立起来的圈层用户,他们对小米有极高的忠诚度,对品牌绝对的支持。这样一种企业与用户"相融"的状态改变了传统商业的产品与商业模式。因此,对传统企业来说,最重要的就是如何利用建立起来的圈层资源优势,实现圈层商业的转型?

圈层商业是在传统商业模式基础上的革新,使企业的愿景与用户的期待尽可能相互匹配。而传统的商业模式,基本上都是企业的"一厢情愿",通过市场调研去假定顾客的需求,开发产品,然后再验证顾客对产品的反应。这种方法带来的风险与浪费是巨大的。在产品投向市场之前,谁也不能确定消费者是否会购买产品,如果最终企业开发的产品没有人要,那么所有努力将化为时间和金钱上的无谓消耗。可悲的是,这些都只有在产品投放后才能揭晓。

圈层商业模式对传统商业模式的革新体现在圈层资源的优势利用上。在圈层商业中,产品开发前,企业对圈层用户的心理需求就有了清楚的认知。这已经比传统企业的凭空想象和"纸上谈兵"好得多。除此之外,圈层资源的优势利用还体现在了产品生产制造以及市场投放的各个环节。

在产品研发方面,圈层商业采取的是"圈层众包"或"规模定制"的形式。现阶段,圈层企业在产品研发过程中,主要采用的是"圈层众包"与"规模定制"两种方式,相比起传统企业,这样的形式能更好地实现企业利益与用户需求的结合,以维护圈层商业内部的稳定性,加强圈层用户的归属感。

先来看"圈层众包"的方式。

"众包"是近几年比较热门的一个概念，它是指一个公司或机构把过去由员工执行的工作任务，以自由自愿的形式外包给非特定的大众的做法。"圈层众包"借鉴了"众包"的实现形式，但本质上与众包还是有很大不同。众包的对象是普通大众，这些普通大众在没有共同价值观的引导下，难免会发生意见相左，自相矛盾的情况，因此在众包的过程中，企业很容易"失控"。伦敦商学院战略与国际治理系的教授朱利安·伯金肖（Julian Birkinshaw）在以众包为主题的一次演讲中，说到："集体智慧被高估了。我并不否认集体智慧是有价值的。不过，考虑到目前围绕在这一概念周围的夸张之词，我宁愿采取怀疑的观点，并着重于集体智慧的缺点和局限。大众是多变的，有时还会走向相反的方向，这时集体智慧就变成了集体愚蠢。"但不可否认的是，众包模式是商业模式的一大突破，只不过由于聚合起来的群体缺乏凝聚力，众包模式也就很难具备商业模式应该具备的稳定性、持续性、扩张性，集体智慧也就无法转化成强大的"生产力"。

"圈层众包"的不同之处在于："圈层众包"是具有统一"意志"的圈层企业与用户，在企业的引导下，围绕价值观而进行的产品共创。只有这种在统一价值观基础上建立起来的圈层众包，才能将集体意志转化为商业价值，否则"众包"就仅仅是一种管理方式。

"圈层众包"的做法，在前面几章中，我们已经提到，"圈层众包"实际上就是让圈层用户参与到产品研发、设计甚至是定价等生产链上的各个环节。例如我们在前文中提到的"小米手机""threadless"等等，参与到产品开发

过程中的并不是普通大众，而是认可企业价值观的圈层用户。

实行"圈层众包"的企业，一般先在网上建立圈层虚拟用户社区，这些圈层社区的成员因为共同的兴趣爱好或者价值观而聚在一起，社区内部会强制性地制定一系列的社交行为规范，确保成员拥有一致的价值导向。例如小米的 MIUI 论坛，它就是一个老用户的集中营，或者说是用户沉淀的大本营，聚集了很多 MIUI 发烧友，再比如上文中提到的星巴克的点子网等等。之后，企业再通过建立起来的圈层社区，征集用户的意见，让圈层用户参与到产品的研发和生产环节。以圈层企业无印良品（Muji）为例，它使用的就是典型的"圈层众包"方式，它众包的对象并非普通大众，而是通过它的圈层用户——无印良品建立起来的社区网站 Muji. net，收集符合无印良品价值观的，各种新奇、前卫的产品创意。然后让圈层用户对其打分，得分最高的创意被交给公司的专业设计人员，由他们把创意化为现实。

再来看规模定制的方式。

规模定制是圈层企业进行产品研发的第二种形式。说起定制化，相信大家都不会陌生。随着消费者"表现欲"的增强和需求的多元化，定制产品从"高冷"的"贵族专属"渐渐变成了大家"触手可及"的消费品。定制产品从此走下了"神坛"，大品牌们都在推出定制产品以吸引消费者。可口可乐推出了定制昵称瓶，麦当劳推出了定制专属汉堡（Create Your Taste "我创我味"）。但个性化定制随之带来的就是如何"批量生产"的矛盾，即如何在满足消费者个性化需求的基础上，不增加生产成本，实现批量化生产。传统企业在这方面做出了努力，只不过它们的焦点仍然放在产品身上，就像麦当劳推出的定制专属汉堡，其实就是让消费者从准备好的食材中自由组合，类似的还有李维斯（LEVIS）、戴尔（DELL），甚至迈巴赫（Maybach），他们都宣称推出了"规模定制化产品"，而多半这样的企业是拿定制化制造热点忽悠消费者而已，那些定制化服务只不过是为消费者提供了多一些个性化的选择。

与传统企业不同的是，圈层商业的规模定制是在圈层价值观基础上的产品定制。用一种比较形象的说法，圈层商业的产品定制，就好像是动漫作品中衍生出的周边产品（或称为衍生品），这些周边产品必须以人气动漫形象为原型，圈层产品的定制也一样，必须服务于圈层的价值观。例如为"垮掉的一代人"定制的，具有反抗精神的眼镜品牌 Warby Parker；为胖女孩定制的，让她们产生自信美的服饰品牌 Penningtons，为崇尚健康生活理念的白领阶层提供送菜服务的 blue apron 等等。圈层商业的产品定制只有以价值观为核心，才能减少每个人对产品需求的差异程度，引导用户把焦点放在价值观上，从而达成意见的统一，实现产品定制的规模化。

在产品生产方面，圈层商业采取的是从小批量生产开始的方式。圈层产品服务的是圈层内的特定群体，加上定制化的产品需求，圈层企业线必须具备快速调整的能力，使产品生产具有更高的柔性，从而适应不同的要求。这就决定了圈层企业在生产一个新产品时，采用的是小批量的生产方式。这是从丰田汽车的成功获得的启示。

在"二战"后的经济环境下，丰田企业就是运用小批量生产的优势，战胜了大规模生产的美国巨头。小批量生产带来的好处一方面是能够尽早地发现问题，解决问题，完善产品的功能。另一方面是可以更灵活地服务"小规模"的零散市场，并做出及时调整。这样的生产方式使丰田在 2008 年成为了

世界最大的汽车制造商。

圈层企业例如小米手机每次都是小批量发售，之后快速迭代，这样的做法既控制了成本和库存，又能灵活应对市场和用户需求的改变。一样做法的圈层企业还有 Warby Parker 眼镜、ThreadlessT 恤等等，它们采用的都是小批量的生产方式。

在产品推广方面，圈层商业采取的是网上预售或建立市场试用原型的方式。企业推向市场的产品是否会受到消费者的欢迎，能否大卖。传统商业的做法是进行大规模的市场推广活动，例如各种线上线下广告、明星代言、促销活动等等，来刺激消费者购买。但这样的方法更适合于资本雄厚的大公司，在未知市场反应的情况下，能够投入大量的资金"烧钱"。而对很多普通传统企业来说，这就好像把所有的资本压在一个筹码上般"孤注一掷"。相比传统企业的"冒险行为"，圈层商业的做法则"谨慎"了很多。

先来看网上预售的方式。

圈层商业进行产品推广的方式之一，是在网上发起产品预售，通过预订单来测试市场的接受度。在国内，采用预售模式被大家熟知的是小米手机（或者也称为"期货营销"）。小米手机在正式销售前，先在网上发起限量预定。想购买手机的用户只有在预定后才能购买。然后，小米根据用户的需求，通知生产厂商按需生产，最终及时配送到用户手中。这种基于互联网电商平台流行起来的 C2B 预售模式，精确了产品的生产数量，避免了高库存风险。同时，由于是预售模式，企业可以在生产之前就收到货款，实现了资金的快速回笼。但这样做能够成功的前提是，你得确保有足够的品牌魅力和牢固的价值观，可以让圈层用户等下去。

除此之外，网上预售模式对于圈层商业的好处还在于能够满足圈层用户的"小众化"需求，实现个性化定制、柔性化生产。同时，预售模式还能迅速获取圈层用户真实的反馈信息，使企业做出及时调整，更贴近圈层用户的需求。因此，预售模式已经被圈层企业所广泛应用。无印良品只要收到300张预订单，该产品马上就投入生产。Threadless 的 T 恤订购达到一定的数额，才会正式被安排入生产线进行批量生产。现在不管是手机、服装，甚至是汽车都开启了预售模式，例如 Vivo 手机的《美国队长》定制手机，马自达汽车等等，而专门做潮牌的电商网站 YOHO! 举办的新品预售会，仅两天预购金额就超过了 2000 万元。

再来看建立市场试用原型的方式。

传统企业在推出产品时，采用的是"稳扎稳打"的策略，通常要先对产品进行反复地"打磨""测试"，等到产品已经完美到无可挑剔时，再将产品推向市场。圈层企业的做法却是"反其道而行之"，先推出一个并不完美的市场试用原型，再根据圈层用户的回馈进行快速的更新迭代。圈层企业深谙用户的心理，对核心圈层来说，产品带来的"象征意义"远比产品本身重要得多。这些喜欢"尝鲜"的核心圈层用户们会用自己的想象来填补产品的不足部分。他们偏好这种情境，因为他们在意的是成为圈子中第一个使用新产品或新技术的人。在音乐发烧友中成为第一个使用新音乐播放器的人，在"极客"中，成为第一个购买到"酷手机"的人。此外，他们对于那些太过于精致的东西反而心存芥蒂：如果这种产品什么人都能用，那么作为早期用

户又有什么好处？因此，任何超出早期用户需要的额外功能或修饰，都是资源和时间上的浪费。对圈层企业来说，也愿意冒这个险，尽早推出对手尚未启用的新产品作为市场试用原型，因为这能给他们带来竞争优势。

而对那些在意产品功能的紧密圈层，通过用户回馈不断更新迭代优化出来的产品，显然比"闭门造车"生产出来的"完美产品"更对他们的胃口。同时，相比一次性推出"完美产品"，之后却很长时间才更新一次，持续不断快速迭代的新产品，更容易让在意产品功能的紧密圈层满意。

以 Warby Parker 为例，这个线上眼镜品牌，成立五年实现了 12 个亿的营业额。不仅打破了眼镜只在线下销售的惯例，还成功向传统大型眼镜连锁店发起了挑战。但你一定想不到，Warby Parker 创立之初，在只开发出 15 款眼镜的情况下，就马上推向了市场。Warby Parker 的商业模式说来也比较简单：用户先在 Warby Parker 网站上挑选任意 5 副眼镜，然后在免费送货上门的 5 副眼镜中挑选其中的 1 副或几副，把不要的寄回。这种对顾客来说零风险的承诺，无疑大大增加了彼此的好感和信任度。并且通过这样的方式，Warby Parker 有了面对面了解圈层用户的机会，获得了直观的数据信息。同时，Warby Parker 还使用 the Net Promoter System（净推荐值软件），一款由资讯公司 Bain 和 Satmetrix 共同开发的用于测试用户对产品推荐度的软件，关注用户的满意度。之后，根据用户收集到的数据信息，快速跟新迭代，渐渐发展到今天的规模。如今，Warby Parker 估值已经超过 12 亿美元。在去年《快公司》评选出的 50 家创新公司中，Warby Parker 超过苹果，位居榜首。

第四个问题：如何进行圈层推广？

建立了稳固核心圈层，并用产品和功能维系住了紧密圈层后，企业需要不断地扩大自己的外围圈层，增加圈层用户的数量，也就是进行圈层推广。

第一，简明化圈层信息。

互联网在提供便捷的同时，也提供了过多的选择。我们的耐心已经被大量信息，过度"透支"了。一个APP闪退一次，或者加载2秒以上，都会让我们不耐烦，想要换一个选择。在这个"焦躁不安"的时代里，简明而"一针见血"地告诉消费者，我们的价值观是什么，我们的圈层用户属于什么群体？能够尽可能地减少消费者的思考时间，帮助他们判断，并让目标用户迅速"识别"信息"对号入座"，进入圈层。

例如，Warby Parker的价值观就直接体现在了名称上，Warby Parker取名自美国亚文化"垮掉的一代"的代表作家——杰克·克鲁亚克日记中的人物名称。它不仅能唤起美国人鲜明的时代记忆，并且也与Warby Parker"rebellious spirit（反抗精神）"的价值定位，不谋而合。无印良品也一样，无印良品的意思是"没有商标的质优品"，正切合了它极简主义的价值观，让人一看就明白。上文中我们提到过的鞋履品牌TOMS"tomorrow's shoes"（明日希望之鞋）等等，也都是以直白简洁的方式向用户传递着自己的价值观。

第二，让价值观"发声"。

圈层企业吸引外围圈层的另一做法是让价值观"发声"，而不是让产品"发声"。圈层企业通过策划与价值观相切合的各种线上、线下活动、事件，演讲等等，不断制造"新"话题，促使圈层间能够最大限度地交流分享，达

到价值观传播的最大化。

Warby Parker 就是用这样的方式，通过几次"价值观事件"传播，从一家默默无闻的线上眼镜公司迅速"爆红"。Warby Parker 的创始人将他们做的事情称为"有趣的造反"，并乐在其中。

一是活动——"报复"时装周。2011 年，Warby Parker 的创始人因负担不起参加纽约时装周的费用，于是创造了一个名为"hush mob"（安静暴民）的时尚活动来进行"报复"。在时装周前一天，他们给一些时尚编辑发送了请帖，邀请他们出席一个在公共图书馆举行的时尚活动，但未透露任何细节。当天，他们雇佣了约 30 个模特在房间里待命。等到了预定时间，模特们一个接一个走进了图书馆阅览室，拿起亮蓝色封面的书开始阅读。看到这一幕，这些时尚编辑们哑口无言，已然"疯了"。图书馆的管理员也"疯"了，但是他们毫无办法，因为这只是一些人在图书馆里读书而已。当天到场的每个时尚编辑们都记录下了这个事件。这使得 Warby Parker 不仅成功抢尽了纽约时装周的风头，还成为了当下的"热门话题"，顺便向大家"普及"了它的品牌价值观。

二是话题营销——定制狗眼镜。从没人想过狗也需要戴眼镜，但 Warby Parker 却不这样认为，为了挑战传统，将"荒谬"进行到底。他们在 2012 年愚人节当天"正儿八经"地推出了五款限量版狗狗复古眼镜，成为了第一家为狗定制眼镜的电商。面对 Warby Parker 如此雷人的举动，很多人或许一笑置之。但是这一话题却为 Warby Parker 免费赢得了不少新闻版面，当然也进一步宣传了品牌的价值观。

除了 Warby Parker 以外，其他的圈层品牌无一不靠各种方式让品牌价值观"发声"，例如 lululenmon 举办带特定主题的免费瑜伽运动，无印良品举办各种环保公益活动，小米微博微信线上发布的各种热门互动话题等等，都在以不同的方式传达着品牌的价值观。这些举动，也是为了促使价值观被圈层用户最大限度的交流分享，以吸引更多的外围圈层。

第三，圈层资源跨界整合。

最近跨界整合越来越火了，范思哲推出了咸鸭蛋、香奈儿推出了婴儿奶粉、巴宝莉推出了泡面、古驰推出了咸菜、蒂芙尼推出了酸奶、宝格丽推出了黄油、苹果推出了牛奶，但这些都只是大牌们在"博眼球"，顶多起了一个创意广告的作用。圈层资源的跨界整合，是两个具有相似价值观和精神追求的圈层品牌之间的合作，通过整合圈层资源，实现各自圈层用户群的扩大。"波密"果菜汁和"索尼"walkman 随身听的跨界合作就是一个圈层资源跨界整合的案例。

现在还使用"索尼"walkman 听音乐的，基本上都是"文艺青年"，或者是怀揣着一颗文艺心的"老青年"。而"波密"果菜汁是一个文艺范的"小清新"蔬菜汁品牌。两个品牌的圈层用户，在价值观上存在着相似之处。因而，这两个品牌进行了一次跨界合作，做了一个让水果和蔬菜用 Walkman 的音乐培育成熟的方案。用户可以在网站上认领果菜，然后在"索尼"音乐库中，选择自己喜欢的音乐，设置为培育果菜的音乐风格，认领的果蔬长成之后，将被榨成汁快递给用户。同时，"波密"同期还推出了不同音乐风格的零售版果汁，和"索尼"一起推出了不同味道的 CD，这样的跨界合作既文艺又有趣，最重要的是实现了两个圈层品牌用户群的迅速扩大，是最经济有效的圈层传播方式。

相似的圈层资源整合案例还有日本化妆品牌 SHISEIDO 资生堂与餐饮集团 Wagas 沃歌斯的跨界合作，面向都市白领主打健康的餐厅 Wagas 沃歌斯与同样面向白领的日妆品牌资生堂，上市了一款同名饮品，红妍肌活果汁和红妍肌活精华露。两个品牌的圈层用户具有相似的价值观和功能需求，都是追求健康生活方式的都市女性。因此这一次的跨界非常成功，资生堂推出红妍肌活精华露的在国内上市后，两周内就被预购一空，而 Wagas 在上市半月内就把一个月的销售任务达成了。

因此，成功的圈层跨界整合，需要精准地筛选两个品牌的圈层消费者，判断他们是否具有相似的价值观，或者相似的功能需求，并将两个品牌的价值观和功能需求很好地融合到新产品中，才有可能成功实现各自圈层的扩大。

转型者的做法小结：一是锁定圈层。列出所有可能的潜在圈层；锁定早期接纳者——目标圈层；验证可行性。二是建立圈层。引领圈层价值观；快速迭代；营造代入感，融入圈层。三是进行圈层商业。产品研发——"圈层众包"/"规模定制"；产品生产——从小批量生产开始；产品推广——网上预售/建立市场试用原型。四是圈层推广。简明化圈层信息；让价值观"发声"；圈层资源跨界整合。

需要补充的是，以上我们所探讨的内容，都是转型者用于外部市场操作的方法。而商业的转型还需内容组织的配合，内部需要通过扁平化的组织架构去支持产品和服务与用户的快速沟通，实现产品和价值观趋于完美的结合。圈层商业，需要真正改变传统科层制的组织结构，将决定权真正从老板的臆想中交还给市场的真实反应中。圈层商业的内部组织系统我们将会在圈层商业后续丛书中和大家深入探讨和分享。

2. 革新者的做法

与转型者不同，革新者在创立之初就带有了非常鲜明的圈层商业属性，有一个明确的价值观。因为革新者自身就是这个圈子中的一分子，或者是圈子的"召集者"。因此，革新者与转型者的圈层商业做法有一定的差异。

细观革新者的做法，他们普遍都在短时间内，获得了巨大的成功。例如Instagram，它的创业团队只有13个人，但仅用17个月，就实现了估值从零到10亿美元的跨越。Outdoor Voices成立一年半的时间，成功融资950万美元，27岁的创始人因此进入福布斯30榜单。毫无疑问，革新者们似乎都抓住了快速引爆流行的要领，而这正印证了马尔科姆·格拉德威尔的畅销书《引爆点》中提出的观点。可以说，革新者们的成功正是因为很好地应用了《引爆点》一书中提出的流行三法则：个别人物法则、附着力因素法则、环境威力法则，才迅速地获得了成功。下面，我们将对革新者的做法进行分析与总结。

第一个问题：判断是否具备革新者的特质。

第一，什么是个别人物法则？

凯文·凯利在《必然》里面说过一句话：未来已来，只是尚未流行；流行产品也是这样，它总是先为我们身边的某一类人所熟知，随后才开始流行。这一类人就是《引爆点》里面所说的三种人格魅力体，它们分别是"内行人"、"联系员"、"推销员"。

内行人：有一种人愿意主动搜集掌握自己感兴趣的信息，对某些领域有广阔和深入的了解。这样的人我们称之为内行。内行人是圈层价值观和圈层产品功能的创造者。

联系员：实际上我们是通过几个个别人物与世界联系起来的，而且我们与这些个别人物只有几步之遥。我们称这些个别人物为联系员。联系员的社交网络十分广泛，通过联系员，能够迅速聚合更广泛的圈层。

推销员：他是具有强大说服技巧和能力的人，能够说服大家相信原本不一定相信的信息。如罗振宇、吴晓波、罗永浩的圈层中，就有一批"自干五"推销员，他们自发性的组织线下聚会，向人们介绍产品和服务有多好。使他们成为圈层中的人。

为了更好地理解这三种人格在圈层商业中的应用，我们可以将其简单理解为：内行是"知识库"，为圈层提供信息；联系员是"黏合剂"黏合外围圈层；推销员是"反应条件"使用户与圈层产生"融合反应"。

在圈层内由于价值观、或兴趣、或行为背景的统一，革新者的威望、信任感和影响力远远超出大众群体中个别人物。他们的一举一动都可能引爆一场圈层内的流行。因此，革新者及其核心圈层一定具有联系人、内行人、推销员这三种角色。

第二，个别人物法则的应用。

方式一：革新者的"内行人 + 推销员"属性。

圈层商业中的革新者对某一领域充满兴趣，主动钻研，并有其独特的见解，足以支撑起圈层的价值观，并且革新者还必须具有强大的号召力和感染力能够吸引住圈层用户。这就要求革新者必须具备内行人和推销员的双重属性。同时，革新者还应寻找适合的切入群体扮演"联系人"的角色，迅速扩大外围圈层。

下面是两个企业应用案例。如表6—2所示。

表6—2："内行人＋推销员"企业应用案例

企业名称	革新者（内行人＋推销员）	切入群体（联系人）
Instagram（摄影图片分享软件）	创始人：凯文·斯特罗姆。凯文·斯特罗姆本身是一个摄影发烧友，同时受母亲的影响也是一名科技爱好者。他希望将摄影与科技结合起来，制作一款容易上手的图片分享软件，让人人都能成为摄影师，都能快乐地视觉化交流。而他所具备的专业知识及人格魅力使他具有了内行人和推销员的属性。	Instagram选择摄影师作为联系人，因而最早向他们进行推广。原因在于：首先，摄影师的需求最大。其次，摄影师拍摄的照片更容易产生传播效应，他们也更愿意分享自己的作品。所以Instagram虽然没有任何营销推广，但却拥有了非常快的传播速度。而这，仅仅是靠用户间的口碑传播。
Outdoor Voices（时尚女性休闲运动服饰品牌）	创始人：泰勒·哈尼。泰勒·哈尼出生在一个服装设计之家，从小就对设计兴趣浓厚，并毕业于著名的帕森设计学院。儿时生活的记忆，促使她萌生出了"运动休闲风"的生活理念，并融入到运动服饰的设计中。同时，她还成功吸引到了奢侈品牌CK、Alexander Wang的设计师加入。哈尼也具备了内行人和推销员的属性。	Outdoor Voices选择的联系人是Instagram的圈层用户。因为Instagram圈层用户的特点就是"爱美""爱晒"。同时，还聚集了很多人气"网红"。这使得Instagram的圈层成为了Outdoor Voices"联系人"的不二人选。Outdoor Voices的做法是，向Instagram上浏览过Outdoor Voices图片的用户发放8折的优惠券。

方式二：革新者的"内行人＋联系人＋推销员"属性。

圈层商业中的革新者也可以同时具备内行人、联系人和推销员三个属性，

既是圈层信息与价值观的提供者，又具备高超的社交技巧与强大的感染力。他们通常带有鲜明的人格魅力，他们不需要去寻找切入圈层，因为他们自身就是一个强大的"传播体"。

这样的革新者有："罗辑思维"的创立者罗振宇既是知识型人格魅力体，又是能连接 600 万罗友的超级连接器，还是一个有感染力的卖书推销员；潮流时尚网站 Hypebeast，你一定想不到这家成立于 2005 年的时尚公司，最初只是创始人马伯荣（Kevin Ma）的一个私人博客。创始人本身是一名狂热的街头时尚爱好者，同时也是一个积极而富有感染力的信息分享者。当博客流行起来后，他开始以博客的形式进行传播，渐渐吸引了许多男性潮流爱好者，马柏荣因此获封潮流教主。现在，由于网站的大热使"Hypebeast"在潮流界有了新的一层含义，它专指那些对时尚、潮流极度痴狂、不顾一切想要得到流行之物的人。

第三，判断是否具备革新者的条件。

一是判断是否具备内行人的特质。你是否对某一领域充满兴趣，并有其独特的见解，有鲜明的价值观？

二是判断是否具备推销员的特质。你是否具有独特的人格魅力？你的推广是否有强大的感染力？

三是判断是否具备联系人的特质或找到适合充当"联系人"的群体。你是否是一个积极的信息分享者？你是否找到适合的切入群体？

第二个问题：运用附着力法则优化传播。

第一，什么是附着力因素法则？

在适当的情况下，总是存在一种简单的信息包装方法，使信息变得令人难以抗拒。但包装的方式必须是实际而且符合个人需要的，那么它就会令人难忘。例如：微信作为一款熟人间的即时通信软件，通过附着了一个查看附近的人这一看似无关的功能，获取了大量的用户。

第二，附着力因素法则的应用。

格拉德威尔提出信息的附着力，意味着信息对人产生影响，受众很难从脑海中清除。这在现在信息高度爆炸的时代，是很难做到的一个法则。绝大部分的信息，我们都来不及发现；剩下的部分信息，我们大多也左耳进右耳出了。

造成这种现象的原因无非两种：一是和我没关系。你传达的信息和我没有关系，一点用都没有，我自然不留意。二是不对我胃口。不管是内容还是形式，在我看来都没什么意思。

但在圈层内，阻碍信息附着力的两个原因被最大限度地弱化。外界传进圈层的信息，必然是经过仔细甄选，确定和该圈层直接相关的信息。而且内容和形式都是针对圈层共性的偏好而设计的。圈层内传播的信息，必然是和圈层内的人相关的信息，也必然是大家熟悉并喜欢的方式表达的。所以，圈层之内，信息的附着力远远大于传统大众模式，而附着力法则在圈层内的高效性，让圈层流行的传染性是裂变式的。

最强的附着就是直接参与，这也是圈层商业的强大之所在，他能让圈层中的所有人都通过不同形式参与进来。例如：吴晓波频道年终秀、"罗辑思维"跨年演讲等通过优酷直播、用户在咖啡厅收看，数万个自媒体适时发布微博、微信，现场用户发布微博、微信朋友圈发布，迅速变成社会的流行

事件。

第三个问题：运用环境威力法则进行推广。

第一，什么是环境威力法则？

流行对于环境的改变是很敏感的。纽约地铁上的涂鸦会影响到整个城市的犯罪率、温度的微弱变化会引发一场病毒的流行，这些都说明了环境对于流行事物是有影响的。环境威力法则认为，人对自己周围环境的敏感程度比他们所表现的更为强烈。例如，跟风、随大流这就是一个个通俗易懂的例子。在互联网环境中，环境威力法则主要是通过影响用户心理而收到效果。环境对用户会有微暗示的作用，这种心理作用会影响用户的选择及判断。

格拉德威尔在这一章节中，提出了两个重要的观点，一个是"破窗理论"，一个是"150法则"。两者都被革新者用于圈层推广，达到引爆流行的效果。

第二，环境威力法则的应用。

方式一：巧妙利用环境孕育圈层。

环境威力法则中提到环境是孕育流行的温床，流行潮的出现离不开适当的时间与地点。对革新者来说，找到适合的环境来孕育圈层，是迅速引爆流行的第一步。Outdoor Voices 就是其中一个很好的例子。

Outdoor Voices 的创始人哈尼在美国科罗拉多州的博尔德市长大。她说在那里，健身更多的是一种内在的，不刻意的，实际的。对他们来说，健身是和好朋友一起去远足，牵着狗去徒步旅行，或者骑自行车去上学等等，而不是去健身房锻炼身体。

她创立品牌的初衷也来自于此。因此，Outdoor Voices 在寻找目标圈层时，一开始锁定推广的城市都和她的家乡非常相似。在那里运动的生活和日常并没有太明显的区分。她的价值观很容易被人们认可和接受，于是慢慢地 Outdoor Voices 积累了她的第一批圈层用户。

方式二：利用"破窗理论"吸纳圈层。

"破窗理论"简单地说，就是人们的一种"从众心理"。举个例子，当一款社交产品在一个很小的社团里推广到一定用户的时候，剩下的用户因为受到环境影响，会不得不也加入到这个社交产品中来。"破窗理论"在圈层商业中的应用也是如此。革新者巧妙地利用"从众心理"给目标群体施加"环境压力"，"迫使"他们心甘情愿地加入到圈层中来。

一是用"破窗理论"吸引早期用户。Instagram 在创立初期，就能在短时间内吸纳大量圈层用户，与其巧妙地运用了"破窗理论"密不可分。很多人说 Instagram 的成功是填补了当时 Twitter 无法发送图片的遗憾。但是 Instagram 并不是当时唯一做图片分享的软件，同期的竞争者比如 Yfrog、Picplz，以及之后大热的 MySpace、Flickr、Friendster 都没能成功。而 Instagram 能做到迅速成功的秘诀就在于，与其他图片分享软件不同，它没有开放上传图片的 API 接口。用户只能通过手机移动端上传照片，甚至在初期还只能使用苹果手机上传，之后才开发出了安卓的版本。这样的做法看似会给用户造成不便，导致用户量减少，但实际上却给了更多潜在用户愿意尝试的理由。因为很多人

在看到别人使用与自己一样的拍照设备，却拍出了更漂亮的照片并大获好评时，都忍不住也想尝试一下，后来就一传十十传百，类似多米诺效应般地走红了。试想一下如果我们看到的热门图片都是相机拍摄的高端 DSLR 作品，那么普通人的分享热情必然会大受打击。（虽然现在的很多的热门图片确实是 DSLR 相机拍摄后导入的，但对于我们关注的大多数好友来说，手机上拍摄的照片始终占了大多数。）而 Instagram 正是巧妙利用了"环境压力"，才迅速吸引了大量的早期用户。

二是用"破窗理论"吸纳剩余圈层。当一个群体中的大部分都已成为圈层中的一员时，剩下的人也会迫于压力，不得不加入其中，否则就无法融入这个群体。例如"罗辑思维"就是通过微信内容营销和线下活动的举办，把粉丝转化为会员，当会员达到一定的数量，"罗辑思维"就被引爆了，剩下的没被转化的粉丝受到环境的影响，开始慢慢转化了。

方式三：利用"150 法则"引爆圈层流行。

"150 法则"指出流行浪潮的矛盾之处在于：想要发起一场大规模的流行潮，你得先发起许多小规模的流行潮，而且要保持这些小规模群体间的联系；同时，这些小规模群体的人数最好不要超过 150 个人，一旦突破 150 人，协作便开始走向低效。圈层商业中，革新者引爆流行的方式也是从小规模群体开始的。Instagram 也是先瞄准一个小群体，把一个单点做到极致，慢慢积累第一个 100 万用户，然后逐点放大，实现从 100 万到 5 个亿的飞跃。Hypebeast 一开始只面向年轻又喜欢街头时尚的男性，几年之后才逐渐扩宽到年轻女性群体，潮流音乐爱好者，直至现在成为了街头"潮文化"的一个标志。

　　革新者的做法小结：一是判断是否具备革新者的特质。是否具备内行人的特质？是否具备推销员的特质？是否具备联系人的特质或找到适合充当"联系人"的群体？二是运用附着力法则优化传播。以圈层参与的方式增加信息传播的附着力。三是运用环境威力法则进行推广。巧妙利用环境孕育圈层。利用"破窗理论"吸纳圈层。利用"150法则"引爆圈层流行。

四、圈层商业转型实践——

深海八百米的圈层商业转型

深海 800 米海鲜自助餐厅是怡乡春竹餐饮集团旗下的中高端品牌。如图 6—3 所示。

图 6—3：深海 800 米海鲜自助餐厅品牌

怡乡春竹原来做的是高端餐饮生意，但在 2012 年底"中央八项规定"出来后，政务消费市场基本没有了，包括怡乡春竹、俏江南、湘鄂情在内的多家高端餐饮品牌都面临着生死存亡的危机。大家都在谋求转型，湘鄂情由于转型失败，董事长潜逃国外，俏江南创始人由于和资本对赌失败，被彻底逐出董事会。怡乡春竹没有倒闭，但是也不赚钱，集团虽然活下来了，但转型已是"迫在眉睫"。

2014 年年初我们开始为其策划，到 2015 年年底，已经先后在北京、上海、江苏等地开出了数十家面积在 800 平方米至 1800 平方米大小的海鲜餐厅。深海 800 米的一炮而红，让怡乡春竹集团又达到了新的高度，它近日还凭借超高人气获得了网络票选最具人气品牌，重现辉煌的餐饮集团。

1. 锁定圈层

当时的自助餐品牌市场竞争已是非常激烈，知名自助餐厅包括以服务著称的"海底捞"和以高档食材著称的"金钱豹"等等。摆在我们面前的首要问题就是，一个新的自助品牌，如何能从激烈的竞争中脱颖而出？第一步就是要锁定我们的圈层。

我们想到怡乡春竹原来是做高端餐饮生意的，对中高端餐饮已是"驾轻就熟"，利用这一优势，我们将圈层用户锁定在了都市工作的白领阶层、商务人士。

2. 挖掘圈层价值观

锁定了我们的圈层用户——都市白领之后，更重要的是挖掘圈层的价值观，即都市白领们的内心需求是什么？

一是自由、无拘束。都市白领们整天被各种"命令"、"要求"束缚着，他们渴望自由的空间。

二是回归自然。在城市"钢筋丛林"中穿行的都市白领，希望在自然中"透口气"。

三是有格调。都市白领"轻奢一族"，对生活非常讲究，喜欢有格调的用餐环境。

四是功能需求，主要是健康、有品质。伴随着"亚健康"的流行，有一定经济基础的白领，对饮食越来越"挑剔"，开始追求食材的新鲜、健康。

3. 打造圈层产品

第一，确定我们的圈层产品。

结合目标圈层以及圈层价值观的把握，我们开始对圈层产品进行打造。

什么样的自助餐能够保证健康而有格调？我们的决定是——做中高档给

中产阶级、白领、商务人士享用的海鲜自助。因为海鲜的价格比较高，同时又符合白领健康、新鲜的功能需求，并且自助餐饮市场中还没有以海鲜为主的品牌。

第二，表现圈层价值观。

一是"自由"——自取食材。我们将海鲜食材全部摆放在餐厅内，所有人都可以看得到的，让食客任意自取，没有复杂的点菜、服务环节。食客们可以与朋友享受轻松、自由、无拘束的就餐空间。

二是"回归自然"——大海。如何把海鲜与自然联系在一起？什么东西能让人想到新鲜，自然，没有污染？那就是大海，大海是万物之源，而更纯净更没有污染的地方是深海。深海的 800 米更是最佳的深度，在那里，阳光还可以照射透。我们便从命名开始，体现圈层价值观，把新的餐厅命名为"深海 800 米"。为了进一步强化新鲜的概念，我们给了一句利益点非常明确的广告语："深海 800 米，看得见的新鲜。"整个超级创意一气呵成。如图6—4 所示。

图6—4：深海 800 米"回归自然"——大海的创意

二是"有格调"——格调之蓝。在餐厅整体风格上，以"格调之蓝"作

为整个餐厅的主色调。海鲜，格调之蓝，灯光、红酒、绿色植物和蔬菜相映成趣，形成了深海 800 米别具一格的餐厅风格。深海 800 米的格调之蓝，让所有走进深海 800 米的客人体验一次奇妙的海鲜用餐之旅。

4. 圈层推广——让价值观"发声"

第一，新鲜——"时令海鲜"主题月。

在鲍鱼上市的季节，推出"品鲍月"活动，在最适宜吃三文鱼的季节推"活切新鲜三文鱼"的鲜吃节等等。让食客们跟着海鲜的"时令"吃上最新鲜的海鲜。

第二，格调——申花之蓝。

在开业期间，我们邀请以蓝色作为主队球衣的申花知名球员不定期的到深海 800 米上海餐厅聚会，并进行自媒体和朋友圈造势。

第三，回归自然——"让北京蓝起来"。

北京是雾霾最严重的城市之一，因此在北京开业期间，我们策划了"深海 800 米，让北京蓝起来"的活动。活动期间，凡穿蓝色上衣就餐者，赠送神秘礼物一份！以唤起人们对蓝天的向往。

我们通过 100 天的圈层商业实践，让怡乡春竹集团实现了成功转型，获得了成立以来最大的辉煌和影响。"深海 800 米"海鲜自助餐厅也给餐饮市场注入了一抹格调之蓝，让都市白领们享受了新鲜、美味的好海鲜。

2014 年 3 月，第一家深海 800 米餐厅在北京双井隆重开业；2014 年 4 月，第二家在北京王府井店开业；2014 年 5 月，第三家在上海长寿路店开业。深海 800 米通过两年多的发展，到 2016 年 5 月，已经在全国开设了 40 余家 800 – 1500 平方米的餐厅，还有近 20 家正在选址装修，处于待开业中。

深海 800 米的蓝色风暴，席卷中国，成为餐饮市场成长最快的餐厅之一。荣获了诸多各类媒体评选颁发的奖项，深海 800 米的百度收录量达到了近十万，大众点评网消费者评分高达四星半。在京沪等地持续火爆。

深海 800 米通过两年多来在市场的成功和良好的口碑，2016 年 4 月份开始，深海 800 米获得餐饮投资公司筷来财每年 1.6 亿元的资金支持。资金的注入进一步加快了深海 800 米的快速发展。

这些成绩的取得，背后的原因是深海 800 米从项目开始运营，就是以圈层商业思维进行运作的，深海 800 米通过圈层商业思维实现消费者与企业家共融的生产关系。并通过产品和服务实现了连接。

深海 800 米锁定的核心消费者希望自由，回归自然，减少束缚。

而随着中国经济的发展，人口红利的逐步丧失，服务行业用工成本逐年增加，在商业中减少不必要的服务，降低服务带来的高成本，实现企业的快速发展也是企业家的诉求。

深海 800 米在商业运营中消费者和企业家的诉求进行了共融。通过全球优质海鲜、良好餐厅环境、自助、爱吃海鲜的圈层之间的互动。形成了较好的可持续效应。

自取实现自由，海洋文化和新鲜海鲜回归自然，格调之蓝抓住消费者的价值观。更进一步实现了消费者和企业家共融。

深海 800 米餐厅产品和服务与消费者之间的友好互动，推进了消费者愿意自己推荐有共同爱好，共同价值观的群体到深海 800 米用餐。提升了深海 800 米的单店产出。

而对深海 800 米价值观认同的消费者，部分成为了深海 800 米的核心圈层。以加盟商、或主动提供符合餐厅调性的产品形成商业连接，同时深海 800 米的价值观还吸引了吃海鲜必不可少的国内第二代青芥辣品牌超霸世家与深海 800 米共建了企业体圈层，形成企业体之间的合作。

企业体圈层和消费核心圈层进一步影响紧密圈层持续与深海 800 米产生连接和关系。当变成强关系后，深海 800 米的圈层就愿意主动向餐厅提出改进意见，使餐厅实现快速升级迭代，持续领先与市场上的模仿者和跟随者。

紧密圈层还通过微信朋友圈分享餐厅环境的图片、视频、微博、口碑等各种手段影响到外围圈层，使其与深海 800 米产生连接。

随着直播的兴起，有很多紧密圈层成员直接在餐厅直播吃海鲜。格调之蓝更是成为直播中的一道亮眼的风景。

深海 800 米圈层之间的互动，不断的给深海 800 米创造话题。如爱吃海鲜，喜欢深海 800 米的申花球迷穿蓝色球衣到深海 800 米聚餐。产生了"蓝蓝相印，更显格调"等话题，在圈层内发酵。吸引了更多有消费能力的消费者到深海 800 米餐厅用餐。

深海 800 米，在圈层之间的互动中自生长，自成长。持续的推动了深海 800 米的成功。也因使用了圈层商业的理论和做法，使深海 800 米成为传统餐厅升级的典范。

圈层商业在传统行业中的成功实践以及新兴行业中的成功实践，给更多的企业找到未来的出路提供了示范。

也预示着圈层商业时代的到来。

结　语

　　本书仅仅是探索圈层及圈层商业模式的一个开端，书永远没有写"完"的一天，只是根据我们现有的思考做的理论构建和做法总结。如果你将本书的核心思想融会贯通的话，你会发现其实你早已身处于一个个圈层之中，同时你也会观察到有很多企业已准备转型或者正在实践圈层商业。毫无疑问，圈层商业的时代已经到来！在一个新的时代里，你是否能成功地抓住机遇，希望读完本书能给你增加几分"胜算"。

感谢阅读！